Du bist ein
Magnet

Zum Businesserfolg ohne zu verkaufen

Michaela Steidl

ISBN eBook: 978-3-902969-42-2
ISBN Print: 978-3-902969-43-9

Impressum:

Be wonderful! e.U.
Hernalser Hauptstraße 45/22
1170 Wien

©2019 Be wonderful! Verlag - Thomas Oberbichler und Michaela Steidl
Cover: Daniel Morawek
Coverfoto: shutterstock/aslysun

Das Bonusmaterial zum Buch findest Du unter:

https://wp-bistro.de/bonus

Inhalt

Magnetprinzip

Vorwort

Für wen ist dieses Buch?

Dieses Buch ist für Selbstständige und Unternehmerinnen geschrieben, die durch ihre Onlinepräsenz Kunden gewinnen wollen.

Du willst das vielleicht noch konkreter wissen?

Als ich begonnen habe, dieses Buch zu schreiben, habe ich auf Anraten meines Buchmentors ein sehr detailliertes Bild meiner „Zielkundin" entworfen. Mit dieser Kundin führe ich das Gespräch, das Dich später durch das Buch begleitet.

Damit Du weißt, wen ich vor Augen hatte als ich das Buch geschrieben habe, stelle ich sie Dir vor:

Meine Zielkundin heißt Christine, ist 43 Jahre alt, verheiratet mit einem Ingenieur und Mutter von 2 Jungs im Alter von 8 und 12 Jahren. In ihrer Freizeit findest Du Christine oft im Pferdestall oder im Garten. Sie mag Jeans lieber als Kostüme.

Christine ist gerade dabei, sich als Rhetoriktrainerin selbstständig zu machen. Sie hat bisher noch keine Website und etwas Respekt vor diesem Projekt, da sie sich selbst nicht für besonders technikaffin hält.

Wichtig ist Christine, dass sie die Website allein pflegen und inhaltliche Anpassungen selbst vornehmen kann.

Und natürlich möchte Christine mit ihrem Webauftritt Kundinnen gewinnen. Sie wünscht sich, dass diese durch ihren Internetauftritt „angezogen" werden und sie auf die ungeliebte telefonische Kaltakquise künftig weitgehend verzichten kann.

So viel zu meiner Zielkundin.

Natürlich ist das Buch nicht nur für Christine geschrieben, und auch nicht nur für Frauen.

Das Buch richtet sich an alle Selbstständigen – Männer und Frauen – und an Unternehmer, die sich wünschen, durch einen authentischen Internetauftritt ihre Zielgruppe anzuziehen.

Und weil das Buch sich an Frauen und Männer gleichermaßen richtet, verwende ich im Text beide Formen in der Ansprache. Bei der weiblichen Form sind die Männer genauso mit angesprochen wie bei der männlichen Form die Frauen.

In diesem Buch arbeite ich bei der Erstellung der Website und des Blogs mit WordPress und konzentriere mich bei den Social-Media-Aktivitäten auf Facebook.

Auch wenn Deine eigene Website mit einem anderen System erstellt ist oder Du Deine Social-Media-Aktivitäten auf einen anderen Kanal konzentrierst, kannst Du mit diesem Buch arbeiten. Du wirst viele Tipps zum inhaltlichen Aufbau Deiner Website und zum Umgang mit Social Media erhalten, die unabhängig davon sind, welches Tool Du verwendest.

Wenn es Dir auch um die Details geht, wirst Du den größten Nutzen aus diesem Buch ziehen, wenn Du mit WordPress und Facebook arbeitest.

Was Du in diesem Buch nicht erwarten darfst:

Du solltest dieses Buch nicht kaufen, wenn Du

- hoffst, in kurzer Zeit ohne viel Arbeit schnell viel Geld durch Deinen Internetauftritt zu verdienen,
- Tipps und Tricks erwartest, wie Du ohne viel Aufwand schnell eine große Sichtbarkeit erreichst,
- fortgeschrittene technische Anleitungen erwartest.

Ganz wichtig: Dieses Buch ist KEIN Marketing- oder Verkaufsratgeber.

Es geht mir in diesem Buch überhaupt nicht ums Verkaufen. Dass Du Deine Produkte verkaufst, ist in meinen Augen die logische, unausweichliche Konsequenz, wenn Du Dich durch gute Inhalte und einen authentischen Außenauftritt als Expertin positionierst und dadurch eine große Sichtbarkeit erreichst.

„Verkaufen" durch Manipulationen wie künstliche Verknappung, limitierte Angebote etc. ist mir persönlich ein Graus. Du wirst daher in diesem Buch keine psychologischen Verkaufstricks finden, keine Anleitungen für Facebook-Ads und auch keine Infos zu verkaufsoptimiertem E-Mail-Marketing.

Dieses Buch ist auch keine technische Anleitung zum Erstellen einer Website oder eines Blogs. Zwar gehe ich etwas intensiver auf die Einrichtung von WordPress ein, weil die Website der Dreh- und Angelpunkt für Deinen Onlineauftritt ist. Wenn Du aber detailliertere Anleitungen und Informationen zu WordPress erhoffst, ist dieses Buch vermutlich nicht das Richtige für Dich.

Weiterführende Informationen findest Du im Bonusmaterial zu diesem Buch unter http://bit.ly/2CRsWDF.

Auch zur DSGVO habe ich mich in diesem Buch nicht ausführlich geäußert, das hätte den Rahmen dieses Buches bei Weitem gesprengt. Wo es relevant ist, findest Du Hinweise zu aktuell geltenden Anforderungen an den Datenschutz.

Schwierige Fachbegriffe, wie *HTML*, *Plugins*, *Themes*, die im Text kursiv dargestellt werden, erkläre ich im Glossar am Ende des Buchs.

Worum geht es in „Du bist ein Magnet" überhaupt?

Ich zeige Dir in diesem Buch die Strategien, die sich für mich im Rahmen meiner eigenen Selbstständigkeit bewährt haben.

Ein authentisches Marketing ist kein Hexenwerk und Du brauchst dafür keine komplizierten Formeln, Funnels (Verkaufstrichter) oder psychologischen Tricks. Es geht in diesem Buch darum, dass Du in Deinem Onlineauftritt einfach Du selbst bist. Authentisch und echt. Und dass Du dadurch genau die Menschen anziehst, die zu Dir passen.

Ich nehme Dich einfach an der Hand und wir beginnen gemeinsam die Reise durch Deine Onlinepräsenz, die bei Deiner Website beginnt, damit aber noch lange nicht endet.

Zu einem runden Internetauftritt gehört neben der Website auch ein Blog, Dein Social-Media-Auftritt und ein Newsletter. Wie Du diese Instrumente geschickt aufeinander aufbaust, so mit Deinen Interessenten in Kontakt bleibst und langfristig Deine Zielgruppe „magnetisch" anziehst, das zeige ich Dir auf den folgenden Seiten.

Keine Angst, das ist alles nicht annähernd so kompliziert, wie Du vielleicht gerade befürchtest.

Idealerweise hast Du für diese Reise bereits eine klare Vorstellung, welches Produkt oder welche Dienstleistung Du konkret anbieten möchtest und wie Du Dich am Markt positionierst.

Falls nicht, kann das Buch Dir sicher auch einige wertvolle Anregungen geben. Du solltest Dir nur darüber klar sein, dass eine klare Positionierung das A und O eines erfolgreichen Webauftritts ist.

Dieses Buch ist in Form eines Interviews aufgebaut – es gibt keine Kapitel, sondern ich führe Dich durch die typischen Fragen, die bei Planung und Umsetzung eines neuen Internetauftritts entstehen.

Begleite Christine und mich auf ihrem Weg zum perfekten Onlineauftritt.

Teil 1: Die Website

Es ist ein sonniger Dienstagmorgen im März. Ich treffe mich heute das erste Mal mit Christine, die mich vor ein paar Tagen kontaktiert hat um mit mir ihren künftigen Internetauftritt zu besprechen.

Nachdem ich für uns beide eine Tasse dampfenden Kaffee zubereitet habe, machen wir es uns in der Sitzecke meines Besprechungs-Zimmers gemütlich. Christine plant, sich im August als Rhetoriktrainerin selbstständig zu machen. Der Businessplan ist fertig geschrieben, das Konzept steht. Und nun hat sie hat viele Fragen zu ihrem Internetauftritt.

1.1 Grundlagen

Ich brauche eine Website. Wie gehe ich das an?

Es gibt viele verschiedene Möglichkeiten, mit Deiner Website zu starten. Die populärsten möchte ich Dir hier kurz vorstellen:

1.) Klassische HTML-Website

Diese Variante erwähne ich nur der guten Ordnung halber, weil sie aus meiner Erfahrung für die meisten Selbstständigen nicht infrage kommt.

Eine klassisch mit *HTML* programmierte Website ist die individuellste Möglichkeit, eine Website zu programmieren. Aussehen, Funktionen, Inhalte – nichts kommt von der Stange, alles wird ganz individuell programmiert.

Der große Vorteil: Nur das kommt in den Code, was auch wirklich benötigt wird. Das sorgt dafür, dass *HTML*-Websites sehr schnelle Ladezeiten erreichen können.

Allerdings musst Du dafür die Programmiersprachen *HTML* und auch *CSS* beherrschen, um die Website ganz nach eigenen Vorstellungen erstellen zu können. Und die Programmierung von Grund auf ist natürlich auch relativ zeitaufwendig.

Dazu kommt, dass *HTML*-Anpassungen, die die ganze Seite betreffen, oft nicht so ohne Weiteres möglich sind. So können schon kleine Änderungen wie zum Beispiel das Hinzufügen eines neuen *Navigation*spunktes in das Hauptmenü der Seite recht zeitintensiv sein, wenn es mehr als nur ein paar wenige Unterseiten gibt, weil diese Änderung auf jeder Unterseite individuell gemacht werden muss.

2.) Baukastensystem

Mit den klassischen Website-Baukästen kannst Du ohne Vorkenntnisse ganz einfach mit ein paar Mausklicks eine Website zusammenstellen und ins Netz hochladen. Zu den bekanntesten Website-Baukästen gehören Jimdo, Wix und der Website-Baukasten von 1&1.

Bei der Auswahl des Designs bist Du bei diesen Baukästen oft etwas eingeschränkt, dafür ist es sehr einfach, eigene Inhalte hochzuladen.

Aus meiner Sicht sind Baukastensysteme eine tolle Option für Privatpersonen und auch kleine Vereine. Es ist nicht erforderlich, sich mit komplizierten Installationen herumzuschlagen, und technisches Know-how ist auch nicht notwendig.

Allerdings kommst Du mit einem Baukastensystem recht schnell an Deine Grenzen, wenn Du einen etwas größeren Funktionsumfang benötigst.

Das beginnt oft schon damit, dass bei den kostenlosen Versionen der Baukastensysteme keine eigene *Domain* zur Verfügung gestellt wird. Die Website läuft dann zum Beispiel unter meinname.jimdo.com oder meinname.wix.com. Das wirkt im Businessbereich wenig professionell.

Eigene, individuelle *Domains* (also www.example.com) sind zwar meist möglich, allerdings nur in kostenpflichtigen Tarifen.

Ein weiterer Nachteil von Baukastensystemen ist, dass Du nur wenig Einfluss auf Einstellungen hast, die zum Beispiel für die Suchmaschinenoptimierung wichtig sind. Und auch Funktionen wie ein Blog, Shop, ein Mitgliederbereich etc. sind in Baukastensystemen oft nicht oder nur sehr aufwendig möglich.

3.) Content-Management-Systeme

Content-Management-Systeme (*CMS*) sind Programme für die Erstellung einer Website. Bei diesen Systemen ist das Layout der Website getrennt von der Inhaltserfassung, sodass es in der Regel recht leicht ist, das Aussehen der Website zu ändern, ohne die Inhalte alle neu erfassen zu müssen.

Das wohl bekannteste Content-Management-System ist WordPress. 2003 als reines Blogsystem gestartet, hat WordPress sich zwischenzeitlich zu einem vollwertigen *CMS* entwickelt und aktuell einen Marktanteil von über 32 %. Das heißt, beinahe ein Drittel aller Websites weltweit basieren zwischenzeitlich auf WordPress.

Es gibt eine riesige WordPress-Community, in der sich auch für Laien fast immer jemand findet, der bei Fragen weiterhelfen kann. Das beginnt mit den offiziellen Support-Foren zu WordPress[1], weiter über unzählige Blogs, die sich mit WordPress beschäftigen, bis hin zu speziellen WordPress-Gruppen in den verschiedenen Social-Media-Kanälen[2].

---

1) *https://de.forums.wordpress.com*

2) *Schau gern auch einmal auf Facebook in meinem „WP Bistro" vorbei. Zum Zeitpunkt der Drucklegung dieses Buches ist das die zweitgrößte deutsche Facebook-Gruppe zum Thema WordPress mit über 6000 Mitgliedern: https://www.facebook.com/groups/wp.bistro/*

Manche Kritiker bemängeln, dass WordPress direkt nach der Installation nur sehr wenige Funktionen hat und für alle zusätzlichen Funktionen *Plugins* (Zusatzprogramme, die zusätzliche Funktionen zur Verfügung stellen) benötigt werden.

In meinen Augen ist dies aber gerade der große Vorteil von WordPress: Du musst Dich nur mit dem beschäftigen, was Du wirklich brauchst.

Ein Mythos, der sich sehr hartnäckig in der WordPress-Community hält, ist, dass viele *Plugins* eine WordPress-Website langsam machen. Das ist so aber nicht richtig. Ein einziges schlecht programmiertes *Plugin* kann eine Website langsam machen. Eine Website kann aber auch mit 30 oder 35 *Plugins* sehr schnelle Ladezeiten erreichen. Hier geht Qualität vor Quantität. Darauf gehe ich später in diesem Buch noch einmal detaillierter ein.

Weitere bekannte *Content-Management-Systeme* sind Joomla, Drupal oder Typo3. Jedes dieser Systeme hat seine Berechtigung. So ist es mit Joomla im Vergleich zu WordPress einfacher, komplexe Seitenstrukturen zu verwalten, und Typo3 ist für die Erstellung hoch komplexer Websites mit einem großen Funktionsumfang möglicherweise besser geeignet, beide erfordern aber eine deutlich steilere Lernkurve.

4.) Agentur-Website

Unter einer Web-Agentur verstehe ich ein Unternehmen, das sich auf die Konzeption, Gestaltung, Programmierung und Pflege von Websites spezialisiert hat.

Der große Vorteil einer Web-Agentur ist, dass Du alle Dienstleistungen rund um Deine Website aus einer Hand bekommst: Konzeption, Text, Design, Programmierung und Pflege.

Im Prinzip musst Du Dich um nichts kümmern (außer natürlich um das Briefing und die Abstimmung mit der Agentur) und nimmst am Ende nur die fertige Website ab – wobei es hilfreich ist, den Prozess möglichst eng zu begleiten, damit die Website sich auch wirklich in die von Dir gewünschte Richtung entwickelt. Auch die spätere Pflege und Wartung wird eine Agentur Dir gegen einen entsprechenden Servicevertrag abnehmen.

Bei einer Agentur-Website kannst Du in der Regel davon ausgehen, dass Du eine sehr individuelle und hochprofessionelle Website erhältst. Wenn Dir das wichtig ist, bist Du bei einer Agentur sicher sehr gut aufgehoben.

Allerdings hat das auch seinen Preis: Je mehr Fremdleistung in Deine Website fließt, desto hochpreisiger wird auch das Endprodukt.

Der Preis für eine Agentur-Website beginnt irgendwo um EUR 2.500,00 und ist nach oben offen.

Das ist ein bisschen wie beim Hausbau: Je mehr Eigenleistungen Du erbringen kannst, desto günstiger wird das Haus. Je mehr andere für Dich machen, desto teurer.

Wenn Du Dich für eine Website von einer Agentur entscheidest, gilt es natürlich, die für Dich passende Agentur zu finden. Dafür musst Du Dir zuerst selbst ein paar Fragen beantworten:

1. Ist Dir der persönliche Kontakt zu Deiner Beraterin wichtig oder kannst Du Dir auch vorstellen, nur über Skype und Telefon mit Deiner Agentur zu kommunizieren? Letzteres ermöglicht Dir, Kontakt zu Agenturen im gesamten D-A-CH-Raum aufzunehmen, Ersteres schränkt Deine Auswahl auf regional ansässige Agenturen ein.

2. Liegt Dein Fokus auf der Technik (jemand, der Deine Ideen für Dich umsetzt) oder wünschst Du Dir auch Bera-

tung mit Blick auf Konzeption und Marketing? Prüfe, ob die Agenturen, die in die engere Auswahl kommen, Referenzen im entsprechenden Bereich haben.

Gibt es Websites, die Du besonders gelungen findest? Sprich den Inhaber der Website doch an und frage, wer diese Seite für ihn bzw. sie gestaltet hat. Manchmal findest Du diese Information auch im Impressum der Website.

Wenn Du 2 oder 3 Agenturen in die engere Auswahl genommen hast, suche das persönliche Gespräch. In meinen Augen ist das die entscheidende Komponente: Sprechen Du und Deine Beraterin dieselbe Sprache? Stimmt die Chemie zwischen Euch? Hast Du nach dem Gespräch das Gefühl, gut aufgehoben zu sein?

Wenn alles passt, lass Dir ein Angebot machen. Und dann lass Dein Bauchgefühl entscheiden. Dieser Ratschlag mag ein wenig „platt" klingen, aber ich habe die Erfahrung gemacht, dass ein leichtes Grummeln im Bauch – und sei es noch so klein – immer ernst genommen werden sollte. Wenn Du also nur den leisesten Zweifel hast, dass Deine Auswahl vielleicht doch nicht die richtige ist, dann überdenke das Ganze noch einmal.

5.) Selber machen

Das Gegenteil zur Agentur-Website: Du erstellst Deine Website komplett selbst.

Abgesehen von den Webhosting-Gebühren fallen dann – je nach verwendetem System – keine weiteren Kosten für Deine Website an.

Doch so ganz stimmt das nicht. Ganz umsonst ist auch eine selbst gemachte Website nicht. Auch wenn Du kein Geld für Deine eigene Website in die Hand nehmen musst – Du bezahlst dafür mit Deiner Zeit.

Zeit, die Du benötigst, um Dir das notwendige Know-how anzueignen – durch Bücher, Foren und Blogs[3]. Zeit, um die Website zu erstellen und Inhalte einzupflegen.

Gerade wenn Du mit Deinem Business neu startest, das Budget noch nicht ganz so üppig ist und Zeit mangels Kundenaufträgen noch üppig vorhanden ist, kann es eine durchaus sinnvolle Alternative sein, die Website in Eigenleistung zu erstellen.

Die Gefahr bei einer selbst erstellten Website ist häufig, dass das Endprodukt nicht besonders professionell wirkt.

Scheue Dich also bitte nicht, Dir ausgiebig Feedback von Menschen einzuholen, die Dir eine ehrliche Rückmeldung geben – auch und gerade dann, wenn es vielleicht noch Verbesserungsbedarf gibt.

Wenn Du ein dickes Fell hast, dann stell Deine Website in einer Facebook-Gruppe zum Thema Webdesign oder WordPress zur Diskussion. Das kann manchmal schon wehtun, schließlich bist Du ja stolz auf Dein „Baby" und magst vielleicht nicht dafür kritisiert werden. Das geht mir ehrlich gesagt auch so. Aber wenn Du offen für kritisches Feedback bist, können diese Rückmeldungen Deinen Internetauftritt nur positiv beeinflussen.

Ganz wichtig, wenn Du Deine Website alleine erstellst: Überschätze Deine eigenen Fähigkeiten nicht.

Wenn Du kein gutes Auge für Design hast, dann verwende entweder eine fertige Designvorlage („*Theme*"), lasse Dir von einem Designer ein sogenanntes „Screendesign" – das ist eine Vorgabe für das Design, bestehend aus Angaben zu

---

3) *Hier lege ich Dir gern meinen eigenen Blog unter*

https://wp-bistro.de/blog ans Herz.

Farben, Schriften und Überschriftsgrößen – anlegen oder bitte zumindest am Ende jemanden, der ein gutes Auge für Design hat, um kritisches Feedback und Verbesserungsvorschläge. Ich kenne einige Designerinnen, die ein Designfeedback als Dienstleistung anbieten – aus meiner Sicht ist das eine gute Investition.

Dasselbe gilt für Deine Texte und ggf. auch für die Konzeption Deiner Website. Ein Tippfehler hier und da ist vielleicht zu verschmerzen, professionell wirkt das aber nicht. Du solltest aber auf jeden Fall jemanden über Deine Texte lesen lassen – aus eigener Erfahrung weiß ich, dass das Gehirn eigene Fehler einfach nicht erkennt und ein Blick von außen Gold wert ist.

Beachte bitte auch, dass Du bei einer selbst erstellten Website selbst verantwortlich für ihre Sicherheit bist. Wenn Du ein Content-Management-System benutzt, bedeutet das zum Beispiel, dass Du Dich selbst regelmäßig um die anstehenden Aktualisierungen kümmern musst, um potentielle Sicherheitslücken zu vermeiden.

6.) Selber machen mit Unterstützung

Vielleicht möchtest Du Deine Website gern erstellen oder zumindest selber pflegen. Dir fehlt aber die Muse oder die Zeit, um Dich wirklich intensiv in die Materie einzuarbeiten.

Dann ist die ideale Lösung, Dir Hilfe durch einen Freelancer zu holen, der oder die Dich dort unterstützt, wo Du Hilfe benötigst.

Du kannst Dir zum Beispiel WordPress installieren lassen (vielleicht der schwierigste Part bei der Arbeit mit WordPress) und nach einer kleinen Einweisung die Website dann alleine mit Inhalten befüllen und pflegen.

Ich selbst biete, wie verschiedene andere auch, als Dienstleistung an, Dich bei Fragen rund um die Administration Deiner Website zu unterstützen. Wenn Du also zum Beispiel eine neue Funktion für Deine Website benötigst und nicht genau weißt, wie Du dabei vorgehen sollst, Dir Feedback zur Website wünschst oder Unterstützung bei den anstehenden Aktualisierungen oder der Optimierung der Ladezeiten benötigst, hast Du mit einem solchen Dienstleister immer eine Ansprechpartnerin.

Zusammenfassung:

Viele Wege führen zur eigenen Website. Welcher dieser Wege für Dich der richtige ist, entscheiden verschiedene Faktoren:

- *Benötigst Du eine Website, die verkauft, oder nur eine Web-Visitenkarte?*
- *Brauchst Du Zusatzfunktionen, wie zum Beispiel einen Shop, einen Mitgliederbereich oder Ähnliches?*
- *Wie hoch ist Dein Budget?*
- *Wie viele und welche Eigenleistungen kannst Du erbringen?*
- *Benötigst Du Unterstützung, zum Beispiel für das Design, die Texte oder das Marketingkonzept?*
- *Bevorzugst Du Unterstützung direkt vor Ort oder ist die Kommunikation über Skype, E-Mail und Telefon ausreichend?*

Ein Richtig oder Falsch gibt es bei dieser Frage nicht.

Ein 1&1-Baukasten kann für eine einfache Web-Visitenkarte ohne besondere Anforderungen völlig ausreichend sein.

Für Selbstständige, die ihr Business gerade starten und deren Budget nicht ganz so üppig ist und die noch nicht allzu viele Aufträge haben, kann die Variante „Selbermachen mit Unterstützung" sehr attraktiv sein.

Und Unternehmer, die wenig Zeit haben und einen hochprofessionellen Auftritt wünschen, sind vermutlich bei einer „All-in-One-Agentur" bestens aufgehoben.

Jetzt bist Du dran:

- Lies Dir die verschiedenen Optionen zur Erstellung einer Website noch einmal ganz genau durch.
- Überlege Dir, wie viel Zeit Du realistischerweise selbst in die Erstellung und Gestaltung Deiner Website einbringen kannst und willst.
- Sei ehrlich zu Dir selbst:
- Kannst Du Deine Texte selbst schreiben oder benötigst Du hier professionelle Unterstützung
- Hast Du ein gutes Auge fürs Design?
- Möchtest Du ein komplett individuelles Design oder genügt für den Beginn ein Design von der Stange?
- Traust Du es Dir zu, selbst Hand anzulegen, oder möchtest Du am liebsten nur das fertige Endprodukt (also Deine fertige Website) abnehmen?
- Wie hoch ist Dein Budget?

Basierend auf Deinen Antworten kannst Du nun entscheiden, welche der Varianten zur Erstellung Deiner Website die ist, die Dir persönlich am besten zusagt.

Behalte dabei auch im Kopf: Deine Entscheidung ist nicht für alle Zeiten in Stein gemeißelt. Wenn Du Dich jetzt aus Budgetgründen dafür entscheidest, erst einmal mit einem Baukasten zu starten, kannst Du – wenn etwas mehr Geld übrig ist – immer noch eine Agentur mit der Gestaltung einer professionellen Website beauftragen. Wichtig ist erst einmal, dass Du überhaupt damit startest, sichtbar zu werden.

Christine hat nach unserem letzten Gespräch die verschiedenen Varianten durchdacht und ist sie zu einer Entscheidung gekommen. 2 Wochen nach unserem Erstgespräch treffen wir uns zu einem neuen Termin, um das weitere Vorgehen zu besprechen.

Ich will meine Website mit Word-Press selbst machen.

Wie fange ich an?

Zuerst einmal benötigst Du einen sogenannten *„Webspace"*. Das ist Speicherplatz im Netz, auf den Du die Dateien Deiner Website hochladen kannst.

Webspace kannst Du Dir bei einem sogenannten *„Webhoster"* anmieten. Bekannte *Webhoster* sind All-Inkl (https://all-inkl.com), *Domain*factory (http://df.eu), Hosteurope (https://hosteurope.de), Mittwald (https://mittwald.de), aber auch Strato oder 1&1.

Strato und 1&1 habe ich bewusst nicht verlinkt. Auch wenn diese beiden Anbieter sehr populär sind, Menschen, die wie ich viele Websites betreuen, sind von Strato und 1&1 oft wenig begeistert.

Strato ist ein Massenhoster – in der Regel teilst Du Dir auf deren Servern „Deinen" *Webspace* mit vielen hundert anderen Nutzern. Das kann schon mal zu Kapazitätsproblemen führen, wenn einer Deiner Servernachbarn sehr viel Traffic (also sehr viele Besuche) auf seiner Website hat – was dazu führen kann, dass die Ladezeiten Deiner Website sehr langsam sind – ohne dass Du das aktiv beeinflussen kannst.

Insbesondere die kleinen Tarife bei Strato sind auch leistungsmäßig oft nicht ausreichend für eine WordPress-Installation mit einigen *Plugin*s. Das kann dazu führen, dass Du bei Strato nach der Installation eines ressourcenlastigeren *Plugin*s schnell mal nur eine weiße Seite siehst.

Ähnliches gilt für 1&1. Auch 1&1 ist ein Massenanbieter mit den schon bei Strato erwähnten Problemen mit der Ladezeit. Auch habe ich bei 1&1 schon sehr viel häufiger als bei anderen *Webhostern* Serverabstürze erlebt, die dazu führen, dass Websites teilweise mehrere Stunden nicht erreichbar waren.

Was für mich bei 1&1 und Strato aber das größte Manko ist: Der Support. Es gibt bei beiden Anbietern selbstverständlich gute Leute im Support – die ans Telefon zu bekommen, ist aber leider Glückssache. Viel häufiger wird nach meiner persönlichen Erfahrung darauf verwiesen, dass bei WordPress-Problemen nicht geholfen werden kann, wenn WordPress nicht über die 1-Click-App installiert wurde. Selbst dann, wenn die Ursache ganz offensichtlich Servereinstellungen sind und nicht die originären WordPress-Dateien.

Für private Websites und kleine Vereinswebsites, bei denen es weder auf Ladezeiten noch auf ständige Erreichbarkeit ankommt, können beide Anbieter aufgrund ihrer günstigen Tarife eine gute Wahl sein. Für eine Businesswebsite, über die Umsätze generiert werden sollen und für die Du Dir eine gute Positionierung in den Suchergebnissen von Google erhoffst, rate ich aber zu anderen Anbietern.

Wichtig ist, dass der Tarif, den Du bei Deinem Anbieter nutzt, Dir zumindest *PHP* und *MySQL* zur Verfügung stellt.

PHP ist die „Sprache", in der WordPress programmiert ist und *MySQL* benötigst Du für die Datenbank.

Keine Angst, das klingt wesentlich schlimmer, als es ist. Bei allen guten Webhosting-Anbietern kannst Du davon ausgehen, das *PHP* und *MySQL* in den aktuellsten Versionen verwendet werden. Mir ist bei keinem der oben verlinkten Anbieter ein Tarif bekannt, der nicht für WordPress ausreichend ist.

Ein weiterer wichtiger Faktor ist das „Memory Limit" (nicht zu verwechseln mit dem Speicherplatz auf dem *Webspace*). Damit WordPress wirklich rund läuft, sind 64 MB Memory Limit die Mindestvoraussetzung. 128 MB sind empfehlenswert.

Leider findest Du die Angabe über das Memory Limit selten in den Tarif-Infos der einzelnen *Webhoster*. Hier hilft es, ggf. vorab den Support zu kontaktieren und konkret nachzufragen.

Eine gute Option sind speziell auf WordPress spezialisierte Anbieter wie zum Beispiel Raidboxes, Wir lieben WP oder WP Projects.

Diese Anbieter sind in der Regel etwas teurer als klassische Webhosting-Anbieter. Dafür nehmen sie Dir oft einige administrative Aufgaben rund um Deine WordPress-Website ab und kümmern sich zum Beispiel um Performanceoptimierung und Sicherheit Deiner WordPress-Seite und installieren auch WordPress für Dich, sodass Du direkt mit Deinen Inhalten loslegen kannst.

Wenn Du Dich möglichst wenig mit der technischen Seite Deiner WordPress-Website belasten möchtest, dann lohnt ein Blick auf die Angebote dieser Anbieter.

Wenn Du den *Webspace* gebucht hast, dann benötigst Du noch eine *Domain* (Deine Adresse im Internet).

Und wie finde ich den richtigen Domainnamen?

Grundsätzlich hast Du bei der Wahl deiner *Domain* freie Hand, ein paar Dinge solltest Du aber beachten:

- Die *Domain* sollte leicht zu merken sein.
- Die ideale *Domain* hat nicht mehr als 8 Stellen. Eine Ausnahme sind *Domain*s, die aus mehreren Wörtern bestehen,

diese dürfen etwas länger sein, aber in Maßen. Ich persönlich würde maximal 3 Wörter mit bis zu 6 Stellen empfehlen. Denke dabei auch an die E-Mail-Adressen: michaela. steidl@ihre-webspezialistin-in-der-region.de ... Puhhh ... das muss erst mal auf eine Visitenkarte passen. ;-)

- Kreativität ist gut – aber der Name der Website sollte nicht zu kompliziert werden. Stell Dir vor, dass Du die *Domain* einer Gesprächspartnerin am Telefon übermittelst – wie wahrscheinlich sind bei Deinem gewählten *Domain*namen Übermittlungsfehler?

- Beachte Markenrechte. Eine Website wordpress-bistro. de wäre zum Beispiel nicht zulässig, weil die WordPress-Foundation die Verwendung von „WordPress" im *Domain*namen verbietet. Ähnliche Regelungen können auch für andere Markennamen gelten. Achte darauf, wenn Du Dich für eine *Domain* entscheidest.

- Last not least sollte Deine *Domain* natürlich auch noch frei verfügbar sein. Das kannst Du normalerweise bei fast allen Anbietern, bei denen Du *Domains* reservieren kannst, überprüfen.

Wenn Du einen *Domain*namen wählst, der aus mehreren Wörtern besteht, stellt sich die Frage, ob Du die Variante mit oder ohne Bindestrich wählst. Also zum Beispiel michaelasteidl.de vs. michaela-steidl.de

Im deutschsprachigen Raum ist die Variante mit Bindestrich gängiger, im englischsprachigen Raum die Variante ohne Bindestrich.

Ich persönlich bevorzuge die Variante mit Bindestrich, weil der *Domain*name so besser zu lesen ist – gerade wenn Vor- und Nachname zusammen sehr viele Buchstaben haben:

maximilian-mustermann.de ist in meinen Augen einfach übersichtlicher als maximilianmustermann.de

Ein „Richtig" oder „Falsch" gibt es hier meiner Meinung nach nicht – wähle die Variante, mit der Du Dich selbst am besten identifizieren kannst. Idealerweise reservierst Du Dir beide Varianten (also mit und ohne Bindestrich). Technisch kannst Du das dann so einrichten (lassen), dass die nicht genutzte Variante automatisch auf die von Dir bevorzugte Variante weitergeleitet wird, wenn jemand die Adresse in der Adresszeile im Browser eingibt.

Und da ich im Beispiel gerade die Variante des eigenen Namens gewählt habe, dazu auch noch ein paar Worte:

Wie Du vielleicht weißt, habe ich für meine eigene Website die Domain wp-bistro.de reserviert. Ich habe mich also dafür entschieden, nicht meinen Namen, sondern mein Unternehmen als solches in der Domain zu verwenden. WP Bistro ist meine Marke.

Das habe ich ganz bewusst entschieden, weil ich zumindest die Option haben möchte, dass das WP Bistro auch von meiner Person losgelöst funktioniert, wenn ich zum Beispiel Mitarbeiterinnen einstelle.

Viele Unternehmer setzen aber auch ganz bewusst auf ihren Namen als Marke. Das macht insbesondere dann Sinn, wenn Du ein sehr personenbezogenes Business hast (zum Beispiel Coaching, Training ...) oder viele Geschäftsmodelle unter einem gemeinsamen Dach bündeln möchtest.

Gerade am Beginn der Selbstständigkeit gibt Dir Dein eigener Name als Domainname eine gewisse Flexibilität. Aus Erfahrung weiß ich, dass sich ein Unternehmen trotz ausgefeiltem Businessplan ganz schnell in eine andere Richtung entwickeln kann als ursprünglich geplant:

Als ich mich selbstständig gemacht habe, war der Plan, Handwerker bei ihrer Buchhaltung zu unterstützen. Nach wenigen Wochen in der Selbstständigkeit erkannte ich, dass es im Bereich der virtuellen Assistenz für Onlineunternehmen ein viel größeres Potenzial gab und nach 2

Jahren war mir klar, dass meine echte Leidenschaft darin liegt, Menschen bei der Erstellung Ihrer Website zu unterstützen.

Mein damaliger Name „BüroSmart", der für die Handwerker-Buchhaltung ziemlich passend gewählt war, machte für die virtuelle Assistenz gerade noch Sinn, aber für die Website-Gestaltung gar nicht mehr. So bin ich eine ganze Weile „herumgeeiert" und habe viel Energie dafür aufwenden müssen zu erklären, dass BüroSmart kein Telefonservice ist, sondern Websites gestaltet – bis ich dann schließlich das WP Bistro gegründet habe.

Hätte ich mich zu Beginn meiner Selbstständigkeit dafür entschieden, meine Website unter meinem Namen aufzuziehen, hätte ich mir in dieser Übergangsphase vermutlich einige Missverständnisse erspart.

Im Übrigen ist es kein allzu großes Hexenwerk, einen *Domain*namen zu ändern oder ändern zu lassen, wenn Du im Zeitverlauf feststellst, dass die ursprüngliche Entscheidung sich nicht mehr stimmig anfühlt.

Du triffst also mit dem *Domain*namen keine Entscheidung auf Lebenszeit.

Und was ist mit Keywords im Domainnamen? Sind die nicht wichtig?

Das ist eine gute Frage, die gar nicht so einfach zu beantworten ist.

Google selbst sagt seit ein paar Jahren, dass Keywords in der *Domain* kein Rankingfaktor sind. Das heißt, ein Keyword in der *Domain* sollte keine Auswirkung auf die Platzierung einer Website in den Suchergebnissen haben.

Ich rate dir davon ab, eine *Domain* mit Keyword zu wählen nur wegen des Keywords an sich. Eine *Domain*, die den Markennamen repräsentiert, ist meines Erachtens viel wertvoller, weil unverwechselbar.

„Zalando" oder „Amazon" zum Beispiel ranken bei Google unbestreitbar recht gut – obwohl da nix von Büchern oder Schuhen in der *Domain* zu finden ist.

Davon abgesehen gibt es etwa 200 Faktoren, die Einfluss auf das Ranking einer *Domain* haben – der *Domain*name selbst wäre also nur ein kleiner Einflussfaktor und sollte daher nicht nur unter SEO-Aspekten gewählt werden, sondern insbesondere die Unternehmermarke in den Vordergrund stellen.

Zusammenfassung:

Für den Start Deiner Website benötigst Du

- *einen Webspace,*
- *einen Domainnamen.*

Webspace kannst Du bei sogenannten Webhosting-Anbietern anmieten.

Bekannte und empfehlenswerte Webhosting-Anbieter sind

- *All-Inkl*
- *Hosteurope*
- *Mittwald*

Wenn Du eine WordPress-Website haben möchtest, ist es wichtig darauf zu achten, dass PHP und MySQL sowie ausreichend Memory Limit im Tarif enthalten sind.

Es gibt auch auf WordPress spezialisierte Webhosting-Anbieter, die Dir viele technische Aspekte wie zum Beispiel Installation, Performanceoptimierung und Sicherheitsüberwachung abnehmen. Bekannte Anbieter in diesem Bereich sind u. a.

- *RAIDBOXES*
- *Wir Lieben WP*
- *WP Projects*

Beim Domainnamen sind folgende Faktoren wichtig:
- *Soll kurz und einfach sein*
- *Sollte auch am Telefon gut zu übermitteln sein*
- *Markenrechte beachten*

Eine Keyword-Domain ist für die Suchmaschinenoptimierung nicht zwangsläufig besser als eine Domain mit dem eigenen Namen oder Markennamen.

Jetzt bist Du dran:

Möchtest Du beim Webhosting möglichst viel Technik rund um Deine Website abgenommen bekommen oder traust Du es Dir zu, Dich um Aspekte wie Sicherheit, Ladezeiten etc. auch selbst zu kümmern?

Wenn Du einen möglichst umfassenden Service wünschst, dann schau Dir die Angebote der auf WordPress spezialisierten *Webhoster* einmal genauer an.

Und für welche *Domain* entscheidest Du Dich?

- Wird Dein Unternehmen sehr personenbezogen sein? Das heißt, buchen die Leute „Christine" oder plant Du, dass sie irgendwann einmal die Agentur buchen, die Trainings vermittelt?

- Gibt es einen knackigen Markennamen für Dein Unternehmen? Wenn ja, spricht etwas dagegen, diesen als *Domain* zu verwenden?

Die Entscheidung für das Hosting geht Christine schnell von der Hand. Sie entscheidet sich für einen mittleren Tarif beim Anbieter „All-Inkl", weil dieser guten Service zu sehr moderaten Preisen anbietet.

Über den *Domain*namen muss sie etwas länger grübeln. Es erscheint fast so schwierig wie die Namensfindung für ihre Kinder. Schlussendlich trifft sie aber die Entscheidung, zunächst einmal ihren Namen zu verwenden. Schließlich weiß sie, dass sie den Namen später unproblematisch ändern kann, wenn die Beschränkung auf ihren Namen zu eng wird. Der *Domain*check bei All-Inkl zeigt: Die *Domain* ist mit und ohne Bindestrich noch verfügbar. Christine handelt schnell und reserviert direkt beide Varianten.

Es wird also Zeit für einen neuen Termin, um das weitere Vorgehen zu besprechen.

Ich habe Webspace und eine Domain. Und wo kriege ich jetzt WordPress her?

Hurra – jetzt kommen wir ins Gestalten!

Die Dateien für Deine WordPress-Installation kannst Du Dir unter de.wordpress.org herunterladen.

Hier findest Du übrigens auch weitere spannende Informationen zu WordPress, zum Beispiel die Links zu den offiziellen WordPress-Supportforen oder die Termine der nächsten WordCamps (das sind [Un-]Konferenzen, wo sich WordPress-Interessierte, Einsteiger wie Expertinnen, treffen und austauschen).

Viele *Webhoster* bieten sogenannte 1-Click-Installationen an, mit denen Du WordPress direkt aus deren System installieren kannst. Das klingt im ersten Moment sehr praktisch, aber ich rate Dir davon ab: Fast alle Anbieter liefern mit diesen 1-Click-Installationen modifizierte WordPress-Dateien aus. Bei einigen Anbietern kannst Du dann die Updates nicht mehr im WordPress-Dashboard machen, andere installieren *Plugin*s mit, die Du nur löschen kannst, wenn Du genau weißt, wo Du suchen musst. Oft gibt es spätestens dann Probleme, wenn Du die Installation auf einen anderen *Webhoster* umziehen willst, auf den diese modifizierten Dateien nicht passen.

Und wie bekomme ich WordPress jetzt zum Laufen?

Den vollständigen Installationsprozess für WordPress zu erklären, würde den Rahmen an dieser Stelle sprengen.

Wenn Du Dich für das Webhosting bei einem auf Word-Press spezialisierten Anbieter entschieden hast, wird dieser Dir die Installation von WordPress abnehmen, sodass Du direkt starten kannst.

Du kannst natürlich auch einen Dienstleister beauftragen, der Dir WordPress mit den wichtigsten Einstellungen fertig installiert.

Wenn Du WordPress gern selbst installieren möchtest, dann findest Du im Bonusmaterial zu diesem Buch ein Videotutorial, das den gesamten Prozess ausführlich erläutert.

Muss ich nach der Installation noch irgendetwas beachten, damit alles richtig läuft?

Es gibt ein paar Handgriffe, die ich direkt nach der Installation von WordPress empfehle:

Standardmäßig sind in den WordPress-Dateien 2 *Plugin*s installiert, die Du nicht benötigst und löschen kannst:

Hello Dolly ist ein *Plugin*, das im Prinzip nichts anderes macht als im Adminbereich Zitate des Songs „Hello Dolly" von Louis Armstrong anzuzeigen.

Die Intention hinter diesem *Plugin* ist es, künftigen *Plugin*-Programmierern eine Art Gerüst an die Hand zu geben, das den Code und den Aufbau eines *Plugins* zeigt.

Wenn Du nicht vorhast, künftig *Plugins* zu programmieren, brauchst Du „Hello Dolly" nicht und kannst es löschen. Es sei denn, Du magst Louis Armstrong und freust Dich über die Zitate im *Backend*.

Das 2. *Plugin* ist „Akismet". Akismet ist ein Antispam-*Plugin*, das Spamkommentare in Deinem Blog automatisch unterdrückt.

Das klingt zwar erst mal gut, hat aber gleich 2 Haken: Zum einen speichert Akismet die IP-Adressen der Personen, die auf Deinem Blog kommentiert haben, auf einen Server in den USA. Und da IP-Adressen nach dem Verständnis von Datenschützern in Deutschland personalisierte Daten sind, ist das so nicht ohne Weiteres erlaubt.

Wer Akismet in Deutschland trotzdem verwenden möchte, muss ein paar Dinge beachten, wie die explizite Einwilligung der Websitebesucher einzuholen und einen Passus zur Verwendung von Akismet in die Datenschutzerklärung der Website mit aufnehmen.

Details dazu finden sich in den FAQ von wordpress.org (http://bit.ly/2TcvOlO).

Zum anderen ist Akismet NICHT kostenlos. Für kommerzielle Websites (und um diese geht es ja in diesem Buch) werden für die Verwendung von Akismet Gebühren fällig.

Eine sehr gute Alternative zur Verwendung von Akismet ist das *Plugin* „Antispam Bee", das sowohl kostenlos als auch datenschutzkonform ist. Wenn Du Antispam Bee verwendest, kannst Du Akismet bedenkenlos löschen.

Nach der Installation von WordPress kannst Du auch die gewünschte Sprache einstellen. Wenn Du die WordPress-Dateien von de.wordpress.org heruntergeladen hast, wird die Sprache Deiner WordPress-Installation standardmäßig deutsch sein. Wenn Du aber eine andere Sprache bevorzugst, kannst Du das unter „Einstellungen" – „Allgemein" ändern.

Hier solltest Du auch die eingestellte Uhrzeit prüfen. Am besten wählst Du für die Einrichtung der Uhrzeit eine nahegelegene Stadt aus (in Deutschland wird das in der Regel Berlin sein), sodass auch die Umstellung von Sommer- auf Winterzeit reibungslos berücksichtigt wird.

Die Uhrzeit ist insbesondere dann wichtig, wenn Du später einmal Blogbeiträge planen und zeitgesteuert veröffentlichen möchtest. Wenn die Uhr Deiner WordPress-Installation dann vor- oder nachgeht, geht das oft schief.

Standardmäßig speichert WordPress hochgeladene Bilder in Jahres- und Monatsordnern. Das heißt, ein Bild, das ich im April 2019 hochlade, landet im Ordner wp-content/uploads/2019/04

Ich persönlich bevorzuge es, meine Bilder alle in einem einzigen Ordner zu haben. Das erleichtert später das Auffinden ungemein, wenn ich mich nicht durch Dutzende Ordner durchkämpfen muss. Das ist aber sicher Geschmackssache.

Wenn Du die Speicherung der Bilder in Monatsordnern unterdrücken möchtest, kannst Du das im Dashboard unter „Einstellungen" – „Medien" abschalten. Einfach das entsprechende Häkchen aus den Einstellungen entfernen.

Und ganz zuletzt solltest Du die „sprechenden *Permalinks*" aktivieren.

Konkret bedeutet das, dass beim Aufrufen einer Unterseite nicht angezeigt wird https://wp-bistro.de/?p=123, sondern https://wp-bistro.de/beispielbeitrag.

Diese Einstellung kannst Du vornehmen unter „Einstellungen" – „*Permalinks*".

In der Regel genügt hier die Option „Beitragsname". Nur wenn es Dir aus einem bestimmten Grund sehr wichtig ist, dass zum Beispiel das Datum im Permalink mit ausgegeben wird, solltest Du diese Option wählen.

Zusammenfassung:

Du kannst Dir WordPress von einem Dienstleister einrichten lassen, wenn Du Dich selbst mit der Technik nicht auseinandersetzen magst.

Auch auf WordPress spezialisierte Webhoster nehmen Dir die Installation von WordPress gern ab.

Wenn Du selbst aktiv werden möchtest, findest Du als Bonus zu diesem Buch ein Videotutorial, das den gesamten Installationsprozess erläutert.

Einige Handgriffe sind nach der Installation noch empfehlenswert:
- *Plugins „Hello Dolly" und „Akismet" löschen*
- *Falls erforderlich, gewünschte Sprache einstellen*
- *Die Uhrzeit korrekt einrichten*
- *„Pretty Permalinks" einrichten*
- *Ggf. Uploadordner für Bilder anpassen*

Jetzt bist Du dran:

- Hast Du ein WordPress-spezialisiertes Webhosting gebucht? Dann bitte Deinen Anbieter, WordPress für Dich einzurichten.
- Willst Du WordPress anhand der Videoanleitung in diesem Buch selbst installieren?
- Suchst Du einen Dienstleister, der WordPress für Dich installiert? Im Bonusmaterial zu diesem Buch (https://wp-bistro.de/bonus) findest Du Angebote für diese Dienstleistung

Die WordPress-Installation habe ich mit Christine gleich während unseres Gespräches erledigt. Sie ist ganz begeistert, als sie sich das erste Mal in das *Backend* ihrer neuen Website einloggt. Beim Blick auf das *Frontend* (also die Darstellung der Website, wie sie die Besucher der Seite sehen) wirkt Christine aber ein wenig ernüchtert. Das vorinstallierte WordPress-Standard-*Theme* trifft ihren Geschmack gar nicht.

Super. WordPress läuft. Aber ich hätte es schon gern ein bisschen individueller!

Das Aussehen Deiner Website gestaltest Du über die sogenannten „*Themes*". Ein *Theme* ist im Prinzip die „Tapete" für Deine Website, die über das Aussehen Deiner Website entscheidet.

Jedes Jahr veröffentlicht WordPress ein neues „Standard-*Theme*", das nach der Installation von WordPress automatisch aktiviert ist. Diese Standard-*Themes* tragen die Namen des Jahres, in dem sie veröffentlicht wurden (Twenty Sixteen, Twenty Seventeen, Twenty Nineteen).

Tatsächlich ist die Auswahl an *Themes* aber riesig: Es gibt allein im WordPress-Repository (das ist der offizielle Katalog für kostenlose WordPress-*Themes*) fast 7.000 WordPress-*Themes*, und auf der größten Marketingplattform für *Themes*, *Theme*forest.net, stehen aktuell (Stand 12/2018) 11.600 kostenpflichtige Premium-*Themes* zum Verkauf.

Du musst ein *Theme* nach der Installation nicht zwingend so lassen, wie es ist. Viele *Themes* bieten die Möglichkeit, auch ohne Programmierkenntnisse Anpassungen über die *Theme*-Options bzw. einen sogenannten *Customizer* vorzunehmen.

Dabei können die Möglichkeiten sehr unterschiedlich sein. Bei manchen *Themes* kannst Du lediglich die Farbe der Links oder die Hintergrundfarbe ändern.

Am anderen Ende der Palette gibt es sogenannte Multipurpose-*Themes*, bei denen Du nahezu jedes Element der Website über die *Theme*-Options individuell anpassen kannst. Zudem beinhalten diese *Themes* auch häufig einen sogenannten „*Pagebuilder*", mit dem auch innerhalb der einzelnen Seiten jede gewünschte Struktur realisiert werden kann.

Sind Premium-Themes denn besser als kostenlose Themes?

Nicht unbedingt. Das kommt – wie so oft im Leben – ganz darauf an.

Die kostenlosen *Themes*, die Du im offiziellen Repository von WordPress herunterladen kannst, werden vor der Veröffentlichung geprüft und müssen daher bestimmten Qualitätsanforderungen genügen.

Im Unterschied zu Premium-*Themes* haben die kostenlosen *Themes* in der Regel weniger zusätzlich integrierte Funktionen als Premium-*Themes*. Sie folgen dem WordPress-Prinzip, dass Funktionen grundsätzlich über *Plugins* in eine WordPress-Installation integriert werden sollten und nicht über das *Theme* selbst.

Premium-*Themes* dagegen enthalten sehr oft integrierte Funktionen wie zum Beispiel *Pagebuilder*, Slider oder Galerien. Häufig sind diese Funktionen über vorinstallierte Premium-*Plugins* (also kostenpflichtige *Plugins*) integriert.

Der Vorteil: Du musst Dich nicht lange mit der Suche nach passenden *Plugins* aufhalten und kannst sofort loslegen.

Der Nachteil: Manche Premium-*Themes* sind mit Funktionen regelrecht überladen, was die Website langsam machen kann. Außerdem müssen Aktualisierungen der integrierten Premium-*Themes* über den *Theme*-Anbieter zur Verfügung gestellt werden, was zu Problemen führen kann, wenn Entwickler nicht zeitnah auf Aktualisierungen reagieren.

Oft sind die Gestaltungsmöglichkeiten von Premium-*Themes* sehr viel umfangreicher als die der kostenlosen *Themes*. Insbesondere die sogenannten Multipurpose-*Themes* (die bekanntesten sind wohl Divi, Enfold, Avada, RT-18 und X-*Theme*) erfreuen sich großer Beliebtheit.

Und wo finde ich so ein Theme?

Die erste Anlaufstelle ist natürlich das offizielle WordPress-Repository (https://de.wordpress.org/*Themes*/), das ich bereits erwähnt habe. Hier kannst Du nach verschiedenen Kriterien filtern und so nach passenden *Themes* für den eigenen Anspruch suchen.

Darüber hinaus gibt es große Marketingplattformen wie das ebenfalls bereits erwähnte *Theme*forest.net.

Ich persönlich bin kein allzu großer Fan von *Theme*forest.net und Co., weil viele der hier vertriebenen *Themes* ziemlich überladen sind. Zudem kaufst Du dort oft „die Katze im Sack", weil Du keine Möglichkeit hast, Dir das *Backend* des *Themes* vor dem Kauf anzusehen. Wenn Du dann nach dem Kauf feststellst, dass die Handhabung und die Einstellungen des *Themes* kompliziert und für dich unintuitiv sind, ist das einfach ärgerlich.

Ich selbst bevorzuge es, *Themes* von Anbietern zu kaufen, die ich kenne und bei denen ich weiß, dass sie einen guten Support bieten.

Meine persönlichen Favoriten sind elmastudio.de, richwp.com (beide Anbieter bieten deutschen Support) und elegant*Themes*.com (Support nur auf Englisch).

Natürlich gibt es hier kein „Richtig" oder „Falsch". Das richtige *Theme* ist das, das zu Dir und Deinen Vorstellungen passt.

Es gibt sooo viele. Wie finde ich denn das für mich passende Theme?

Zuerst einmal solltest Du konkrete Vorstellungen davon haben, was Du mit Deiner Website erreichen möchtest. Soll Deine neue Website eine ganz klassische Website, ein Magazin oder ein Blog werden?

Möchtest Du das Layout möglichst individuell gestalten können? Oder möchtest Du am liebsten ein vorgefertigtes Design verwenden, ohne selbst Hand anlegen zu müssen?

Manche *Theme*s bieten einen integrierten *Pagebuilder* an. Damit kannst Du Deine Inhalte ganz individuell mit Spalten und farbig hinterlegten Segmenten gestalten und bist nicht auf das klassische Webseiten-Design (entweder Text über die gesamte Breite oder Text links, Seitenleiste rechts) festgelegt.

Wenn Du das perfekte *Theme* für Dich findest, dieses aber keinen *Pagebuilder* beinhaltet, muss das aber kein K.-o.-Kriterium sein. Einen *Pagebuilder* kannst Du problemlos auch als *Plugin* nachträglich installieren. Das hat den Vorteil, dass die so erstellten Layouts auch bei einem *Theme*-Wechsel nicht verloren gehen.

Schau Dir andere Websites an, die Dir gefallen, und mach Dir Notizen: Was gefällt Dir daran konkret? Was gefällt Dir nicht? Was willst Du unbedingt haben?

Frage Deine Freundinnen, die eine WordPress-Website betreiben, welches *Theme* sie verwenden und wie zufrieden sie damit sind.

Wenn Du wissen möchtest, ob eine Website mit Word-Press erstellt wurde und wenn ja, welches *Theme* verwendet wurde, ist das Tool whatwp*Theme*isthat.com sehr hilfreich. Vielleicht findest Du ja bereits auf diesem Weg das perfekte WordPress-*Theme*.

Ausgerüstet mit Deinen eigenen Wünschen und Ansprüchen kannst Du Dich dann auf die Suche nach Deinem perfekten *Theme* machen.

Was ist eigentlich ein Child-Theme? Muss ich das unbedingt haben?

Da gehen wir schon ganz schön tief in die Technik. Wenn Du Deine Website selbst erstellen möchtest, wirst Du für solche *Theme*n am besten einen Experten mit ins Boot holen, der das für Dich erledigt.

Aber zur Frage zurück:

Ein Child-*Theme* benötigst Du immer dann, wenn Du direkt in den *Templates* (so heißen die einzelnen Dateien, aus denen sich Dein *Theme* zusammensetzt) arbeitest. Wenn Du also *PHP*-Code anpasst oder umfangreiche Layout-Anpassungen über *CSS* vornehmen möchtest.

Diese Anpassungen würden nämlich bei einer Aktualisierung des *Theme*s überschrieben und damit verloren gehen. Damit das nicht passiert, lagerst Du die angepassten Dateien in ein Child-*Theme* aus, das von der Aktualisierung des Eltern*Theme*s (Parent-*Theme*s) nicht erfasst wird.

Aus dieser Erläuterung wird Dir vermutlich bereits klar, dass ein Child-*Theme* nur dann erforderlich ist, wenn Du wirklich in die Programmierung einsteigst (oder Anpassungen, die über die *Theme*-Optionen nicht möglich sind, von einem Profi vornehmen lässt). Solange Du nur mit den

Theme-Optionen im *Customizer* arbeitest, wirst Du normalerweise kein Child-*Theme* benötigen.

Ich persönlich ziehe es vor, über Custom *CSS* zu arbeiten und installiere ein Child-*Theme* nur dann, wenn es wirklich größere Anpassungen gibt oder ich Änderungen an den *PHP-Template*s des *Theme*s vornehmen muss.

Der Grund: Wenn ich in ein Child-*Theme* Dateien kopiere, die eine Sicherheitslücke enthalten, dann werden diese Sicherheitslücken bei einem Update des Parent-*Theme*s nicht geschlossen (weil das Child-*Theme* nicht überschrieben wird), sondern bleiben im Child-*Theme* bestehen.

Zusammenfassung:

Das Aussehen Deiner Website wird über die sogenannten „Themes" definiert.

Themes gibt es sowohl kostenlos im WordPress-Repository als auch als kostenpflichtiges Premium-Theme.

Empfehlenswerte Quellen für Premium-Themes sind Anbieter wie

- *Elmastudio.de,*
- *Richwp.com,*
- *Elegantthemes.com.*

Welches Theme das richtige ist, hängt unter anderem davon ab, welche Ausrichtung Deine Website hat: Blog? Klassische Website? Magazin?

Es lohnt sich, einen Blick auf andere WordPress-Sites zu werfen und mit welchen Themes diese gestaltet wurden, um Anregungen für die Theme-Auswahl zu finden.

Ein Child-Theme ist nur notwendig, wenn direkt in den Templates des Themes gearbeitet wird. Kleinere Anpassungen, die nicht über die Theme-Optionen möglich sind, kannst Du auch über die Custom CSS vornehmen.

Und jetzt bist Du dran:

Finde das für Dich perfekte Wordpress-*Theme*:

- Hast Du schon eine grobe Vorstellung, wie Deine Website ungefähr ausschauen sollte?
- Schau Dir Websites von anderen Unternehmern an und überlege, was Dir daran besonders gut oder überhaupt nicht gefällt.
- Wenn Dir eine Website gut gefällt, dann prüfe über den Dienst von whatwp*Theme*isthat.com, um welches WordPress-*Theme* es sich handelt.
- Frage auch befreundete Unternehmer mit Word-Press-Websites, welches *Theme* sie verwenden und wie zufrieden sie damit sind.
- Schau Dir die *Theme*-Demos, die Du zu nahezu jedem WordPress-*Theme* findest, an, um die Möglichkeiten der einzelnen *Theme*s kennenzulernen.

Und wie ist das mit Plugins? Brauche ich die und wenn ja, wie viele?

WordPress ohne *Plugin*s ist wie ein Kaffeevollautomat ohne Kaffeebohnen – nur sehr eingeschränkt nutzbar.

WordPress ist nach der Grundinstallation relativ „nackt" und bringt nur einen eingeschränkten Funktionsumfang mit sich. Du kannst einfache Seiten und Beiträge erstellen, das war's dann aber auch schon im Wesentlichen.

Es gibt kein Kontaktformular, keinen integrierten Shop und auch Mehrsprachigkeit ist in der Basisversion von Word-Press nicht vorgesehen.

Was oft als Nachteil für WordPress geschildert wird, ist für mich der große Vorteil an WordPress: Du musst Dich tatsächlich nur mit genau den Dingen befassen, die

Du für DEINE Website brauchst. Wenn Deine Website nur auf Deutsch veröffentlicht wird, brauchst Du kein Modul für Mehrsprachigkeit. Wenn Du keinen Shop brauchst, warum sollte das System einen Shop zur Verfügung stellen?

Dass WordPress in der Basisinstallation so „nackt" daherkommt, bedeutet aber nicht, dass Du nicht alles Mögliche nachrüsten kannst. Hier kommen die *Plugins* ins Spiel.

Plugins sind Zusatzprogramme, die gewünschte Funktionen in WordPress integrieren.

Tausende von Programmierern und Programmiererinnen, die Teil der großen WordPress-Community sind, haben für nahezu alle Anforderungen *Plugins* geschrieben, die sehr oft sogar kostenfrei zur Verfügung gestellt werden.

Datensicherung, Shop, Mehrsprachigkeit, Kontaktformulare, Mitgliederbereiche, Kursplattformen ... All das und noch viel mehr lässt sich über *Plugins* in WordPress integrieren.

Vielleicht hast Du schon mal gehört, dass jemand sagt, Du solltest möglichst wenig *Plugins* in WordPress nutzen – die würden die Website langsam machen etc.

Diese Aussage hält sich in der WordPress-Szene ausgesprochen hartnäckig, wird aber durch häufige Wiederholung einfach nicht wahrer. Ich verweise noch mal auf den Vollautomaten und die Kaffeebohnen. ;-)

Richtig ist: Du solltest nur die *Plugins* verwenden, die Du wirklich benötigst. Es macht also durchaus Sinn, vor Installation eines *Plugins* zu prüfen, ob Du das, was Du erreichen möchtest, auch mit WordPress-Bordmitteln darstellen kannst.

Richtig ist auch: Du solltest bei den *Plugins* auf Qualität achten. Wenn Du ein *Plugin* über das WordPress-Repository herunterlädst, erhältst Du hier schon einen guten Einblick: Positive Bewertungen, viele Downloads, regelmäßige Aktualisierungen sind ein wichtiger Indikator für ein *Plugin*.

Auch bei Premium-*Plugins* (also solchen, die Du auf kostenpflichtigen Plattformen kaufen kannst) bekommst du in der Regel Auskunft über Bewertungen und die letzten Aktualisierungen.

Ein Blick ins Support-Forum des *Plugins* lohnt sich übrigens immer: Hier findest Du schnell heraus, ob es möglicherweise Probleme mit dem *Plugin* gibt, die häufiger adressiert werden, und auch, ob der Support auf Anfragen zeitnah oder überhaupt nicht reagiert.

Auch solltest Du vermeiden, kostenlose *Plugins* aus Quellen außerhalb des WordPress-Repositorys herunterzuladen. Diese kostenlosen *Plugins* „bezahlst" Du gelegentlich mit integriertem Schadcode oder versteckten Verlinkungen auf dubiose Websites.

Es ist nicht die Anzahl der *Plugins*, die eine Website langsam machen. Ich habe Websites mit mehr als 40 aktiven *Plugins* gesehen, die unter einer Sekunde Ladezeit haben. Und manchmal genügt ein einziges *Plugin*, um die Performance Deiner Website in den Keller zu treiben.

Richtig ist aber auch: Viele *Plugins* bedeuten viel zusätzlichen Code. Und Code ist immer anfällig für Sicherheitslücken. Es gibt kein 100%ig sicheres Programm ... wer es darauf anlegt, findet immer irgendwo eine Lücke.

Daher solltest Du alle *Plugins*, die Du mal ausprobiert hast, aber nicht benötigst, auch wieder löschen – nicht nur deaktivieren.

Und Du solltest sehr sorgfältig darauf achten, alle anstehenden Aktualisierungen für Deine *Plugins* zeitnah durchzuführen. Durch die große aktive Community werden Sicherheitslücken in WordPress sehr oft erkannt und dann in der Regel durch Updates auch schnell geschlossen. Wenn Du diese Aktualisierungen nicht durchführst, ist das ein bisschen so, als würdest Du in den Urlaub fahren und den Haustürschlüssel in der Tür stecken lassen. Das willst Du nicht!

Nun zu der Frage, welche *Plugins* Du überhaupt brauchst: Eine allgemeingültige Antwort darauf gibt es nicht, da jede Website und jeder Blog eigene Anforderungen haben.

Aber es gibt eine Handvoll *Plugins*, die für mich persönlich zur Standardausrüstung gehören, und die will ich hier gern mit Dir teilen, sortiert nach verschiedenen Kategorien:

a.) Sicherheit

1. Antispam Bee (für Blogs ein Muss, um Kommentarspam zu vermeiden)

2. Block Bad Queries (verhindert Angriffe über die URL)

3. Bullet Proof Security (legt eine Art „Firewall" um die Website)

4. Limit Login Attempts Reloaded (verhindert, dass Angreifer sich beliebig oft mit verschiedenen Benutzernamen/ Passwort-Kombinationen am Login versuchen können)

5. BackUpWordPress (legt automatisiert Datensicherungen Deiner WordPress-Website an)

Bei den Sicherheits-*Plugins* denke daran, dass diese immer nur ein kleines Plus an Sicherheit bieten. Ein sicheres Passwort und regelmäßige Aktualisierungen solltest Du trotzdem nicht vernachlässigen – sonst nützt das beste Sicherheits-*Plugin* leider gar nichts.

b.) Performance

1. CometCache (ein sehr simples und doch wirkungsvolles *Caching-Plugin*)

2. Autoptimize (kombiniert viele Javascript- und *CSS*-Dateien zu wenigen, was die Ladezeit deutlich optimieren kann)

c.) Usability

1. Black Studio TinyMCE Advanced *Widget* (integriert einen visuellen Editor in die *Widgets*, sodass Du individuelle *Widgets* auch ohne *HTML*-Kenntnisse erstellen kannst)

2. Shortcodes Ultimate (bietet sehr viele Optionen für Gestaltungsmöglichkeiten auf der Website, für die Du normalerweise *HTML*-Kenntnisse benötigst)

3. TinyMCE Advanced (bietet zusätzliche Formatierungsmöglichkeiten im visuellen Editor von WordPress)

Zusammenfassung:

Plugins erweitern den Funktionsumfang von WordPress.

Plugins machen WordPress nicht zwangsläufig langsam. Es gilt: So viele Plugins wie nötig, so wenig wie möglich.

Nicht benötigte Plugins solltest Du immer löschen.

Plugins solltest Du aus Sicherheitsgründen immer auf dem aktuellsten Stand halten.

Welche Plugins wichtig sind, hängt davon ab, welche Funktionen Du für die Website benötigst, und kann nicht pauschal beantwortet werden.

– und kaum steht das köstliche Heißgetränk vor uns, sprudeln ihre Fragen weiter.

Für einen Tag war das ganz schön viel Input. Christine und ich beschließen, eine kurze Pause zu machen und uns im Café gegenüber eine heiße Schokolade zu gönnen. In Gedanken ist Christine aber immer noch bei ihrer Website – und kaum steht das köstliche Heißgetränk vor uns, sprudeln ihre Fragen weiter.

1.2. Sicherheit

Ich habe gehört, WordPress sei eine sehr unsichere Software. Stimmt das?

Nein. Das ist so nicht richtig. Ich würde eher sagen: Im Gegenteil, WordPress ist eine relativ sichere Software. Aufgrund der riesig großen WordPress-Community und dem für alle einsehbaren Programmcode („Open Source") gibt es sehr viele Menschen, die sich mit dem Code von WordPress beschäftigen, und so werden mögliche Sicherheitslücken schnell erkannt und in der Regel auch sehr schnell geschlossen.

Was richtig ist: WordPress ist sehr populär. Stand 12/2018 basieren etwa 32 % aller Websites weltweit auf WordPress. Fast ein Drittel des gesamten Internets besteht also schon aus WordPress-Websites.

Und daher ist WordPress für Angriffe sehr interessant. Andere *Content-Management-Systeme* sind deutlich seltener vertreten und deswegen kein so lukratives Angriffsziel.

Meist zielen solche Angriffsversuche aber auf bekannt gewordene Sicherheitslücken in WordPress. Es wird dann gezielt nach Websites gesucht, die diese Sicherheitslücken noch nicht geschlossen haben, um Zugriff zu erhalten. Da wären wir wieder beim Schlüssel, der in der Haustür steckt ...

Was kann ich denn dann tun, damit meine Website sicher ist?

Generell lässt sich sagen, dass das Problem bei gehackten Websites in der Regel vor dem Rechner sitzt. Ca. 97 % aller erfolgreichen Angriffe auf WordPress-Websites wurden möglich durch nicht aktualisierte *Plugins*, *Themes* oder WordPress-Versionen oder durch die Verwendung von zu schwachen Passwörtern.

Daher gibt es zum Thema Sicherheit in WordPress 2 goldene Regeln, die Du unbedingt beherzigen solltest:

1. Verwende unbedingt ein sehr sicheres Passwort

Das bedeutet, mindestens 12, besser noch 16 Stellen lang oder länger. Das Passwort sollte eine Kombination aus Zahlen, Groß- und Kleinbuchstaben und Sonderzeichen sein.

WordPress selbst schlägt Dir beim Zurücksetzen des Passwortes ein sicheres Passwort vor. Du machst nichts falsch, wenn Du dieses Passwort übernimmst.

Alles, was in Wörterbüchern steht, kann bei einer sogenannten „*Brute Force*"-Attacke (der Versuch, Deine Benutzernamen-/Passwort-Kombination zu knacken) erraten werden. Passwörter werden dabei nämlich in der Regel nicht händisch in Dein Login-Formular eingetippt, sondern über kleine Programme, sogenannte Bots, die ganze Wörterbücher in den Login-Formularen durchtesten. Und die sind zwischenzeitlich auch schlau genug, um zu wissen, dass ein E durch eine 3 ersetzt werden kann oder ein O durch eine 0 – um nur 2 Beispiele zu nennen.

Ja, sichere Passwörter sind schwierig zu merken. Aber eben auch schwierig zu knacken. Um schwer zu merkende Passwörter sicher zu verwahren (die braucht es ja idealerweise nicht nur für WordPress), gibt es sogenannte Passwort-Tresore. Ich selbst nutze sehr gern 1Passwort auf dem Mac. LastPass ist eine gute Alternative für Windows-Nutzer.

2. Halte Deine WordPress-Installation immer auf dem aktuellsten Stand

Keine Software ist 100%ig sicher. Glaubst Du nicht? Dann lies mal das Buch „Blackout" von Marc Elsberg – da wird Dir erst so richtig klar, dass selbst Software, die in Hochsicherheitstrakten von Top-Experten entwickelt wird, angreifbar sein kann.

Das gilt natürlich auch für WordPress – wo Code ist, kann Code geknackt werden.

Aber: Der WordPress-Code ist Open Source, das heißt für alle öffentlich einsehbar. Und es gibt eine sehr, sehr große WordPress-Community mit einer Menge Leute, die sich mit dem WordPress-Code beschäftigten. So werden Sicherheitslücken häufig erkannt, bevor sie echten Schaden anrichten können, und nach Bekanntwerden auch recht schnell geschlossen.

Wenn Du jetzt allerdings mit einer veralteten WordPress-Version unterwegs bist, Dein *Theme* nicht aktualisiert und auch die *Plugin*-Updates hartnäckig ignorierst, dann bleiben diese Sicherheitslücken bei Dir bestehen. (Schlüssel in der Haustür – Du erinnerst Dich.)

Die WordPress-Community veröffentlicht nach den Updates, welche Sicherheitslücken geschlossen wurden. Das gehört zum Open-Source-Charakter von WordPress.

Kriminelle Subjekte, die es auf WordPress abgesehen haben, müssen dann nur noch das Netz durchforsten nach WordPress-Installationen, die nicht auf dem aktuellsten Stand sind, und können die bekannten Sicherheitslücken ausnutzen.

Dabei bringt es Dir auch wenig, wenn Du über ein Sicherheits-*Plugin* die Anzeige der WordPress-Version im Quellcode unterdrückst. Denn in den seltensten Fällen prüfen Hacker wirklich, welche WP-Version verwendet wird. Sie schicken einfach kleine Programme ins Netz, die die Sicherheitslücke ausnutzen – und diese scheitern an aktuellen Versionen und haben bei veralteten Versionen Erfolg. So einfach kann das sein.

Aufgrund dieser Erläuterungen ist dir vielleicht bereits klar, dass „auf dem aktuellen Stand halten" nicht bedeutet, einmal im Jahr zu prüfen ob noch alles passt.

Idealerweise solltest Du die Updates für Deine WordPress-Installation einmal wöchentlich durchführen – mindestens aber einmal im Monat. Wenn Du das selbst nicht schaffst, dann solltest Du jemanden beauftragen, der oder die sich für Dich darum kümmert. Die Sicherheit Deiner Website sollte Dir das wert sein.

Wenn Du diese beiden Regeln befolgst, hast Du schon sehr viel getan, um Deine Website vor Angriffen zu schützen. Im Prinzip brauchst Du dann nicht einmal zwingend ein Sicherheits-*Plugin*.

Es ist übrigens auch sehr empfehlenswert, einen Virenscanner auf dem eigenen Rechner zu installieren, um das Auslesen von Passwörtern über Trojaner zu verhindern.

Das ist alles?

Das ist auf jeden Fall das Wichtigste.

Es gibt aber noch ein paar Dinge, die Du grundsätzlich beachten solltest, insbesondere, wenn Du Dein WordPress selbst einrichten möchtest:

Vermeide Standards in der WordPress-Installation wie „admin" als Benutzername oder wp_ als *Tabellenpräfix* für die Datenbank.

Wer es darauf anlegt, kann zwar so oder so den Benutzernamen für deinen Administrator-Account in Erfahrung bringen, aber viele Schadprogramme testen sich erst einmal durch die Standards – und da ist ein Benutzername, der eben nicht „admin" lautet, schon einmal ein erster kleiner Stolperstein.

Ähnliches gilt für das *Tabellenpräfix*, das Du bei der Word-Press-Installation festlegst. WordPress gibt hier standardmäßig wp_ vor. Ich habe schon des Öfteren Diskussionen darüber verfolgt, ob es wirklich einen spürbaren Sicherheitsvorteil bringt, das Präfix zu ändern. Normalerweise hast Du dann, wenn jemand unbefugt auf die Datenbank zugreifen kann, andere Probleme als das *Tabellenpräfix*. Aber es könnte theoretisch – je nach Art der Sicherheitslücke – möglich sein, über den Tabellennamen in der Datenbank Schindluder zu treiben, und da schadet es nicht, auch hier auf den allseits bekannten Standard zu verzichten.

Ein weiterer Punkt ist das Abschalten des *Theme*-Editors (also den Menüpunkt „Design" -> „Editor") im *Backend*. Wenn unbefugte Personen nämlich Deine Zugangsdaten geknackt haben, ist es über den Editor problemlos möglich, die Dateien Deines *Theme*s zu manipulieren, ohne dafür auch noch den FTP-Zugang zum *Webspace* kennen zu müssen.

Das erreichst Du über den folgenden Eintrag in der wp-config.*PHP* Deiner WordPress-Installation:

define(‚DISALLOW_FILE_EDIT',true);

Da diese Punkte zugegebenermaßen alle sehr technisch sind, scheue Dich nicht, jemanden anzusprechen, der Dich dabei unterstützt.

Was ist mit Sicherheits-Plugins?

Wie oben bereits beschrieben: Wenn Du ein paar grundsätzliche Dinge wie das sichere Passwort und die regelmäßigen Updates beachtest, brauchst Du nicht zwingend ein Sicherheits-*Plugin*.

Ich nutze Sicherheits-*Plugins* aber gern als zusätzliches Sicherheits-Feature – sozusagen als den doppelten Boden in meiner WordPress-Installation. 100%igen Schutz können diese *Plugins* aber nicht bieten. Sie sind kein Ersatz für die oben beschriebenen goldenen Regeln, sondern eine Ergänzung.

Zusammenfassung:

WordPress ist nicht per se unsicher, aber aufgrund seiner großen Popularität bei Angreifern sehr beliebt.

2 goldene Regeln für die Sicherheit der WordPress-Website:

- *Verwende ein sehr sicheres Passwort.*
- *Halte Deine WordPress-Installation (WordPress, Themes und Plugins) immer auf dem aktuellsten Stand.*

Weitere Empfehlungen:

- *Keine Standards verwenden (Benutzername „admin", Tabellen-Präfix „wp_")*
- *Abschalten des Theme-Editors im WordPress-Backend*

Sicherheits-Plugins können eine nützliche Ergänzung sein, ersetzen aber nicht das Einhalten der generellen Sicherheitsregeln.

Damit sind wir durch den zugegebenermaßen sehr trockenen technischen Part durch und Christine ist erleichtert.

Sie hat nun ausreichend Futter für die nächsten Tage, um sich über die Gestaltung ihrer Website Gedanken zu machen und das passende *Theme* zu finden.

Wir verabreden einen Termin in der folgenden Woche, um mit der inhaltlichen Konzeption der Website zu beginnen.

1.3 Konzeption

Die Technik steht. Was gehört denn jetzt überhaupt auf die Website?

Bevor Du überhaupt anfängst, solltest Du Dir unbedingt im Klaren darüber sein, wen Du mit der Website ansprechen möchtest. Es ist ganz wichtig, dass Du ganz genau definierst, mit wem Du zusammenarbeiten möchtest:

- Richtest Du Dich an Unternehmen, Solopreneure oder Privatpersonen?
- Arbeitest Du lieber mit Männern oder mit Frauen?
- In welcher Altersklasse befindet sich Deine Zielgruppe?
- Welche Eigenschaften schätzt Du an den Menschen, mit denen Du zusammenarbeitest?
- Und was geht für Dich überhaupt nicht?

Beschreibe Deine ideale Kundin bzw. Deinen idealen Kunden so genau wie möglich. Erstelle einen sogenannten „Avatar" (das ist die detaillierte Beschreibung Deines imaginären Traumkunden). Wirf ruhig noch einmal einen Blick in das Vorwort dieses Buches – da habe ich Dir meinen „Avatar" vorgestellt, den ich beim Schreiben dieses Buches vor Augen hatte.

Das mag vielleicht im ersten Moment sehr einschränkend klingen. Vielleicht arbeitest Du tatsächlich lieber mit Frauen, aber Du willst natürlich auch Männer ansprechen.

Oder Du richtest Dich in der Regel an Solopreneure, lehnst Aufträge von mittelständischen Unternehmen aber auch nicht zwingend ab.

So ist das mit dem Avatar auch nicht gemeint. Wenn Du Deine ideale Zielkundin definierst, dann bedeutet das ja nicht, dass alle anderen sofort aus Deinem Raster fallen.

Aber: Du kannst diese Zielkundin viel besser ansprechen, wenn Du sie kennst. Du weißt, wo Du sichtbar werden musst, wenn Du sie erreichen möchtest.

Wenn Du weißt, dass Du Dich an Mütter richten willst, dann kannst Du in den entsprechenden Foren aktiv werden, in Elternmagazinen inserieren oder Gastbeiträge auf entsprechenden Blogs anbieten.

Wenn Du Dich an Manager bei Großkonzernen richtest, wirst Du vermutlich eher Golf spielen, auf LinkedIn aktiv werden oder Messen besuchen.

Wenn Du auf dem Golfplatz dann zufällig eine Mutter triffst, die Interesse an Deinen Dienstleitungen hat oder ein Vorstandsvorsitzender Deine Gastkolumne in einem Elternblog liest, großartig findet und Dich beauftragen möchte, kannst Du immer noch frei entscheiden, ob Du das wirklich möchtest.

Wenn Du Deine Zielgruppe kennst, dann kannst Du diese auf Deiner Website auch richtig ansprechen und bei ihrem Problem abholen.

Richtig ansprechen heißt, Du weißt, ob Du „Du" oder „Sie" in der Ansprache verwenden möchtest. Ob Du einen eher flapsigen Ton wählst bei Deinen Texten oder sehr formell auftrittst. Selbst die Farbwahl Deiner Website kann durch Deinen Avatar bestimmt werden:

Adressierst Du an Führungskräfte, sind eher seriöse Farben angesagt und weniger Pink.

Richtest Du Dich an Eltern von Kleinkindern, bist Du in der Regel mit hellen, zarten Farben gut bedient.

Dazu ein Beispiel aus meiner eigenen Selbstständigkeit:

Als ich begann, WordPress-Dienstleistungen anzubieten, war ich der Meinung, dass ich dieses Thema „technisch" und „seriös" adressieren muss. Die Website für meinen ersten Onlinekurs hieß damals „Smart ins Web" und war sehr kühl in blau und weiß gehalten.

Und diese Website funktionierte irgendwie nie so richtig. Sie sprach nicht die Menschen an, mit denen ich zusammenarbeiten wollten. Und die, die sich von der Website angesprochen fühlten, passten nicht so recht zu mir.

Als ich dann auf das WP Bistro umstellte, machte ich mir bewusst, dass ich WordPress-Einsteiger ansprechen wollte, die oft nicht besonders technikaffin und mit gehörigem Respekt davor waren, eine eigene Website zu betreuen.

Für diese wollte ich eine gemütliche Umgebung schaffen. Meine Website sollte eine Einladung zum Stöbern sein und eine warme Atmosphäre ausstrahlen. Daher war es mein Wunsch, warme Farben zu verwenden für die Seite – was mir, so denke ich, auch gelungen ist.

Ursprünglich war das WP Bistro als eine vorübergehende Institution gedacht, als Marketinginstrument für meinen neuen Onlinekurs. Aber der Erfolg, den die Website hatte, veranlasste mich dazu, gänzlich Abschied von kaltem Blau zu nehmen und das WP Bistro zu meiner Marke zu machen.

Abgesehen von den Farben ist es natürlich auch wichtig zu wissen, welches Problem Deine Zielgruppe hat.

Warum sollte jemand ausgerechnet Dich ansprechen? Welche Lösung kannst Du anbieten?

Ganz oft findest Du auf der Startseite von Websites sofort das Angebot der eigenen Leistung, oft kombiniert mit einer Art „Selbstbeweihräucherung":

„Ich kann ..."

„Wir sind die Experten in ...",

„Wir bieten Ihnen ..."

und so weiter.

Wer Deine Website besucht, weiß aber vielleicht noch gar nicht, warum Dein Angebot genau das richtige ist – und klickt dann einfach weiter, weil er oder sie sich im Angebot der Startseite nicht wiederfindet.

Viel besser ist es, die Menschen bei ihren ganz eigenen Problemen abzuholen:

„Kennen Sie das ... Sie suchen ...?"

„Sie haben Angst vorm Fliegen?"

„Sie möchten den nächsten Karriereschritt angehen, wissen aber noch nicht so recht wie?"

So fühlt sich Deine Zielgruppe sofort angesprochen und liest interessiert weiter.

Und wenn jemand sich nicht angesprochen fühlt, ist er bzw. sie vermutlich auf Deiner Seite einfach nicht richtig.

Es gilt also generell: Sprich nicht von Dir, sondern sprich mit den Besuchern Deiner Website: „Du" bzw. „Sie" statt „Ich" oder „Wir". Und in dem Zusammenhang noch ganz wichtig: Sprich niemals von „Wir", wenn es eigentlich nur ein „Ich" gibt. Mach Dich nicht größer, als Du bist, um Eindruck zu schinden.

Früher oder später werden die Personen, die mit Dir zusammenarbeiten, mitbekommen, dass es da nur ein „Ich" gibt.

Und wenn Du auf Deiner Website ein Team vorgegaukelt hast, das es gar nicht gibt, kann das im schlimmsten Fall das Vertrauensverhältnis zerstören, bevor die Zusammenarbeit so richtig begonnen hat.

Wenn es Dir wichtig ist zu zeigen, dass in der Zusammenarbeit mit Dir Kontinuität gegeben ist, obwohl Du nur eine One-Woman-Show bist, dann zeige Dein Netzwerk, stelle die Kolleginnen vor, mit denen Du zusammenarbeitest, und erkläre, wie Deine Vertretung im Falle von Urlaub oder Krankheit gewährleistet ist. So generierst Du Vertrauen, ohne etwas vorgaukeln zu müssen, was es nicht gibt.

Bevor ich jetzt zu den Inhalten Deiner Website komme, noch ein kurzes Exzerpt zum Thema Ansprache:

Immer mal wieder taucht die Frage auf, ob es besser ist, auf der Website zu „duzen" oder zu „siezen". Was ist denn nun richtig?

Eine allgemeingültige Antwort darauf gibt es leider nicht. Aber hier kommt wieder Dein Zielkundenavatar ins Visier: Mit wem möchtest Du zusammenarbeiten? Möchtest Du selbst lieber duzen oder bleibst Du lieber beim formaleren Sie?

Wenn Dein Fokus auf großen Unternehmen mit einer eher konservativen Ausrichtung liegt und Du auch im direkten Kundenkontakt eher siezt als duzt, dann ist das „Sie" auf der Website die bessere Wahl.

Das „Sie" solltest Du auch dann verwenden, wenn Du Dich selbst mit dem „Du" so gar nicht wohlfühlst – selbst dann, wenn Du in einem eher lockeren Umfeld unterwegs bist. Deine Website sollte Deine Einstellung dazu transportieren.

Wenn Du Deinen Zielkundenavatar duzt, dann ist es richtig, auch auf Deiner Website zu duzen.

Ja, es kann sein, dass Du durch die Wahl der Ansprache auf Deiner Website möglicherweise Kundinnen verlierst oder potenzielle Interessenten Dich nicht kontaktieren, weil sie dich entweder als zu flapsig oder zu konservativ empfinden. Aber: Die gehören dann auch nicht zu Deiner Zielgruppe. Und jeder, der nicht 100%ig zu Dir passt und Dich wegen der Anrede auf Deiner Website nicht kontaktiert, macht Platz für andere, die besser zu Dir passen.

Ein kleines Beispiel aus meinem eigenen Business:

Ich habe auf meiner Website und im Blog seit Beginn meiner Selbstständigkeit im Jahr 2011 konsequent gesiezt – hauptsächlich, weil ich die Interessenten nicht verprellen wollte, die ein „Du" möglicherweise als unprofessionell und übergriffig empfinden.

Da ich in den sozialen Medien, insbesondere Facebook, sehr aktiv bin, wurden die Kundenanfragen von Leuten, die mich direkt geduzt haben, immer häufiger. („Wir kennen uns über Facebook – ist das „Du" hier auch okay?").

Für mich fühlte sich das total stimmig an. Tatsächlich duze ich im realen Leben viel lieber, als dass ich sieze. Wohl auch geprägt von 7 Berufsjahren bei einer großen holländischen Bank, wo sich vom Praktikanten bis zum Vorstand jeder duzt, empfinde ich das „Sie" oft als Barriere. Ein „Du" macht die Zusammenarbeit aus meiner Sicht harmonischer.

Und je mehr sich das „Du" im direkten Kontakt einschlich, desto unwohler fühlte ich mich mit dem förmlichen Sie auf der Website und im Blog.

Im Januar 2017 habe ich mich dann entschieden, meine ca. 2.000 Newsletterabonnenten darüber zu informieren, dass ich ab sofort im Newsletter, im Blog und in meinen Webinaren duzen werde – und war EXTREM nervös, als ich den Senden-Button geklickt habe.

Die Resonanz: 5 Bestandskunden und -kundinnen, mit denen ich bis zu diesem Zeitpunkt noch per Sie war, riefen mich persönlich an, um mir zu sagen, wie großartig sie diese Entscheidung fänden und dass wir doch jetzt bitte auch in der direkten Kommunikation zum „Du" wechseln sollten.

Etwa 20 Mails erhielt ich, die mich in meiner Entscheidung bestärkten, die, so der Tenor, „längst überfällig" war.

Von diesem Newsletter haben sich 17 Leute ausgetragen (ob es daran lag, dass ich auf das Du gewechselt bin, oder daran, dass im Januar viele ihr Postfach auch einfach mal ausmisten, weiß ich nicht genau) und eine Bestandskundin signalisierte mir per Mail, dass sie auf dieser Basis nicht mehr mit mir zusammenarbeiten möchte.

Insgesamt überwog das positive Feedback also das negative deutlich – der erwartete Shitstorm blieb aus. Und ich fühle mich in der Kommunikation jetzt deutlich wohler. :)

Zusammenfassung:

Bevor Du mit den Inhalten Deiner Website startest, solltest Du ein ganz konkretes Bild davon haben, wen Du ansprichst.

Die Entscheidung für Deinen Zielkundenavatar ist wichtig für

- *Fokussierung auf die Bedürfnisse Deines Wunsch-Kundenkreises*
- *Anrede auf der Website (Du oder Sie)*
- *Farbgestaltung*
- *Platzierung von Marketingmaßnahmen*

Jetzt bist Du dran:

Erstelle Deinen Zielkundenavatar so konkret wie möglich:

Ist Dein Avatar ein Privatkunde?

- Männlich oder weiblich?
- Wie alt?
- Welchen Beruf übt Dein Avatar aus?
- Was macht Dein Avatar in seiner Freizeit?
- Welches konkrete Anliegen bringt ihn bzw. sie zu Dir?

Ist Dein Avatar ein Unternehmen oder ein Konzern?

- In welcher Branche?
- Mit wie vielen Mitarbeitern?
- Mit welcher Ausrichtung (regional, international, global ...)
- Welche Werte lebt dieses Unternehmen?
- Welches konkrete Thema wirst Du für dieses Unternehmen bearbeiten?

Beim Unternehmenskunden solltest Du auch Deinen Ansprechpartner visualisieren. Wenn Du mit dem perfekten Unternehmen arbeitest, die Chemie mit Deinem direkten Ansprechpartner aber so überhaupt nicht stimmt, wirst Du daran langfristig auch keine Freude haben.

Lass uns mit den Inhalten meiner Webseite beginnen. Was schreibe ich auf meine Startseite?

Erst mal möchte ich mit einem weitverbreiteten Irrtum auf-räumen: Löse Dich von dem Gedanken, dass jeder auf der Startseite Deiner Website zu lesen beginnt.

Durch Google & Co. ist der Zugang zu Deiner Website über jede beliebige Unterseite möglich. Insbesondere wenn Du bloggst, wirst Du irgendwann feststellen, dass die Mehrzahl der Einstiege über Deine Blogartikel erfolgt.

Von den 11.600 Besuchern, die im Mai 2017 den Weg auf meine Website gefunden haben, sind tatsächlich nur knapp 460 über die Startseite gekommen. Für eine Website mit an-geschlossenem Blog ist das absolut nicht ungewöhnlich – es zeigt aber auch, wie viel zusätzlichen Traffic Du mit einem Blog generieren kannst, den die „einfache" Website so nie erhalten würde.

Daraus ergibt sich: Es absolut nicht notwendig, auf der Start-seite eine Begrüßung zu gestalten.

Verzichte auf Floskeln wie „Herzlich Willkommen auf mei-ner Website" oder „Ich freue mich, dass Sie hier sind". Das ist aus den oben genannten Gründen weder höflich (Du be-grüßt Deine Gäste ja auch nicht erst, wenn sie schon zwei-mal durchs Haus gelaufen sind), noch bringt es irgendeinen Mehrwert.

Nutze die Startseite lieber dafür zu erklären, wie Du Deiner Zielgruppe helfen kannst. Dafür brauchst Du auf der Start-seite keine langwierigen Erläuterungen schreiben. Ein kur-zer, aber prägnanter Überblick ist ausreichend. Ausführliche Erläuterungen haben dann Platz auf Unterseiten, auf die Du verlinken kannst.

Verstecke die Möglichkeit, Dich zu erreichen, nicht nur im Impressum Deiner Website. Deine Kontaktdaten, mindestens die Telefonnummer (falls es für Dich okay ist, per Telefon kontaktiert zu werden), Deine E-Mail und – falls relevant – Deine Öffnungs- und Bürozeiten, gehören unbedingt auf Deine Startseite und idealerweise jede einzelne Unterseite der Website. Am besten nutzt Du dafür den *Footer* Deiner Website, der auf jeder Seite angezeigt werden kann.

Brauche ich eine „Über mich"-Seite?

Aus meiner Sicht ist die „Über mich"-Seite die zweitwichtigste Seite auf der Website von Einzelunternehmern.

Denn seien wir mal ehrlich: Da draußen gibt es so viele Coaches, Trainer, Speaker, Webdesigner ... Warum sollte jemand ausgerechnet mit DIR arbeiten wollen?

Die Antwort ist ganz einfach: Als Solopreneure verkaufen wir immer auch ein Stück weit uns selbst. Der Kunde kauft in der Regel nicht DEN Coach, DIE Trainerin oder DEN Webdesigner. Er kauft Marianne Musterfrau, Max Maier oder Susanne Weißgenau – weil er die sympathisch findet und das Gefühl hat, dass die Chemie stimmt.

Und wie kann Dein potenzieller Kunde bzw. Deine potenzielle Kundin am besten herausfinden, ob die Chemie stimmt, bevor er oder sie den Telefonhörer in die Hand nimmt und Kontakt mit Dir aufnimmt? Wie kannst Du diese erste kleine Hürde des Kennenlernens am besten überwinden?

Indem Du Dich auf Deiner Website vorstellst. Einen Teil von Dir transportierst Du über Deinen Blog (wenn Du einen schreibst – dazu aber später mehr), aber Deine „Über mich"-Seite ist ein ungemein wichtiges Tool.

Voraussetzung dafür ist natürlich, dass Deine „Über mich"-

Seite keine Werbeplattform ist. Und auch ein starrer Lebenslauf mit sämtlichen Zertifikaten von allen Ausbildungen, die Du je absolviert hast, ist nicht wirklich das, was Deine Leser von Dir wissen wollen.

Die Menschen, die mit Dir arbeiten wollen, interessieren sich in der Regel nicht für Zertifikate, Akademieabschlüsse und ähnlichen Papierkram. Sie wollen wissen, WER Du bist und WIE Du etwas machst. Stelle daher auf der „Über mich"-Seite Deine Erfahrung, nicht Deine Ausbildung in den Vordergrund.

Ein praktisches Beispiel aus meinem Kundenkreis:

Ein Bausachverständiger schreibt auf seiner „Über mich"-Seite:

„Ich bin personenzertifiziert nach DIN/EN ISO 1704."

oder er schreibt

„Als gelernter Maurermeister und Techniker habe ich 25 Jahre praktische Erfahrung am Bau – als Polier, Bauleiter und in den letzten 10 Jahren als Sachverständiger. Ich weiß genau, wo ich hinschauen muss."

Welche dieser Aussagen ist für Dich als Laie aussagekräftiger?

Präsentiere Dich auf Deiner „Über mich"-Seite als Mensch. Erkläre, warum Du Dich dafür entschieden hast, genau das zu tun, was Du tust. Wo Deine Leidenschaften sind, was Dich motiviert, morgens aufzustehen und Dich auf Deine Arbeit zu freuen.

Und zeig auch gern Deine persönliche Seite. Du darfst auf Deiner „Über mich"-Seite gern auf Deine Hobbys eingehen und Deine Kinder erwähnen.

Wichtig: Verwechsle persönlich nicht mit privat. Beziehungsprobleme, Krankheiten, finanzielle Sorgen etc. haben auf Deiner „Über mich"-Seite nichts verloren. Du willst durch Sympathie punkten, nicht durch Mitleid.

Und natürlich gehört auf die „Über mich"-Seite unbedingt ein ansprechendes Bild von Dir. Hier lohnt es sich, in wirklich professionelle Bilder zu investieren, die Dich – im wahrsten Sinne des Wortes – ins rechte Licht setzen.

Und was ist mit Referenzen?

Na klar gehören Referenzen auf Deine Website, wenn Du welche hast. Durch Testimonials bekommen Interessenten und Interessentinnen gleich einen guten Eindruck darüber, wie andere über Dich und Deine Arbeit denken.

Bleib dabei ehrlich. Nichts ist besser geeignet, das Vertrauensverhältnis noch vor der ersten Kontaktaufnahme zu zerstören, als fingierte Referenzen. Deshalb gehört zu Deinen Testimonials auf jeden Fall der Name des Referenzgebers/der Referenzgeberin und im Idealfall auch ein Bild. Bitte verzichte auf Referenzen, die mit M. S. aus N. unterschrieben sind – das glaubt wirklich niemand, dass solche Empfehlungen echt sind. Dann lieber keine Referenz als eine, die den Eindruck vermittelt, dass der Testimonialgeber nicht dahintersteht, oder im schlimmsten Fall gar nicht existiert.

Eine Ausnahme sind Branchen, in denen ein hohes Maß an Vertraulichkeit gewahrt werden muss. So werden Klienten einer Psychotherapeutin ihren Namen nicht gern öffentlich in einer Referenz auf der Website sehen wollen. Dasselbe gilt für hochrangige Führungspersonen, die sich coachen lassen, und ähnlich vertrauliche Beratungsverhältnisse.

In diesem Fall wird Deine Zielgruppe großes Verständnis dafür haben, dass Du auf die Namensnennung in der Referenz verzichtest. Ich würde empfehlen, in diesen Fällen trotzdem noch einen Hinweis zu geben, warum die Namen nicht genannt werden. Das könnte dann vielleicht so aussehen: „Ich freue mich sehr über die vielen positiven Rückmeldungen meiner Klienten, die ich mit deren Einverständnis hier zeigen darf. Auf Grund der Vertraulichkeit der Zusammenarbeit verzichte ich bewusst auf die Namensnennung."

Wie präsentiere ich meine Angebote am besten?

Auch auf die Gefahr hin, mich zu wiederholen: Das A und O für die Ansprache Deiner Zielgruppe und die Präsentation Deiner Angebote auf der Website ist, dass Du eine ganz klare Vorstellung von Deinem idealen Zielkunden/Deiner idealen Zielkundin hast.

Wenn Du Deine Zielgruppe kennst, dann kannst Du Dein Angebot auf der Website ganz explizit für ebendiese präsentieren. Je „spitzer" Du Deine Leistungen präsentierst, desto eher werden sich die Personen Deiner Zielgruppe angesprochen fühlen.

Ein Beispiel:

Du bietest Webdesign als Dienstleistung an mit Spezialisierung auf familiengeführte Hotels.

Aufgrund der spitzen Ausrichtung kannst Du bereits auf Deiner Website darstellen, welche Fragen sich bei der Gestaltung eines Internetauftrittes für Hotels ergeben, und dafür auch direkt Lösungsansätze bieten. Ich denke da zum Beispiel an Buchungssysteme, Gästebücher, Preisvergleiche ...

Fokussiere Dich also auf den Personenkreis, den Du ansprechen möchtest und greife dessen Bedürfnisse auf Deiner Website auf. Verzichte darauf, einen Bauchladen an Optionen vor Dir herzutragen.

Wenn eine Hotelbetreiberin sich auf Deiner Website direkt ein Bild davon machen kann, welche Erfahrungen Du bereits mit der Gestaltung von Websites für familiengeführte Hotels hast und erkennt, dass Du ein tiefes Verständnis für die Hotelbranche mitbringst, wird sie eher geneigt sein, Dir den Auftrag zu geben, als einer großen Agentur, die vom Zahnarzt bis zum Softeisfabrikanten alle Branchen bedient.

Und – das sei an dieser Stelle auch noch einmal klargestellt: Wenn sich zufällig doch mal eine Zahnärztin auf Deine Website verirrt und sich von Dir eine Website erstellen lassen möchte, darfst Du den Auftrag natürlich trotz spitzer Positionierung annehmen, wenn Du das möchtest.

Brauche ich noch eine extra Kontaktseite?

Ich würde diese Frage ganz klar mit „Ja" beantworten.

Natürlich stehen Deine Telefonnummer und die E-Mail-Adresse als Pflichtangabe im Impressum. Aber das Impressum ist eine juristische Notwendigkeit mit wenig einladendem Text. Und auch nicht jede(r) unbedarfte Besucher / Besucherin weiß, dass Telefonnummer und E-Mail-Adresse ins Impressum gehören und man dort danach suchen kann.

Auf einer Kontaktseite kannst Du Deine Besucherinnen und Besucher freundlich ansprechen und klarstellen, dass Du Dich über die Kontaktaufnahme freust.

Verschiedene Menschentypen haben auch verschiedene Bedürfnisse zur Kontaktaufnahme. Während die eine lieber telefoniert, schreibt der andere lieber eine E-Mail. Und wieder andere bevorzugen es, ein Kontaktformular nutzen zu können, mit dem eine Struktur für eine Kontaktaufnahme vorgegeben ist.

Auf Deiner Kontaktseite kannst Du alle Kontaktmöglichkeiten anbieten und auch darauf hinweisen, welche Form der Kontaktaufnahme Dir persönlich am liebsten ist. Daneben kannst Du Deine Öffnungs- und Büro-zeiten kommunizieren und eine Anfahrtsbeschreibung hinterlegen.

Wenn Du ein Kontaktformular auf Deiner Website einbin-dest, solltest Du allerdings beachten, dass die Übermittlung der E-Mail-Adresse über ein Kontaktformular in Deutsch-land ein schützenswertes personenbezogenes Datenelement ist. Daher darf diese Übermittlung nur verschlüsselt erfol-gen.

Konkret heißt das: Wenn Du ein Kontaktformular auf Dei-ner Website verwendest, muss Deine Website mit einem *SSL-Zertifikat* verschlüsselt sein. Websites mit einem gül-tigen *SSL-Zertifikat* erkennst Du an dem grünen Schloss in der Browserleiste und dem vorangestellten https (statt http).

Wie ist das mit Impressum und Datenschutzerklärung? Was gehört da rein?

Jede Website, die einen nicht rein privaten Charakter hat, muss in Deutschland zwingend ein Impressum vorwei-sen.

Die Grenze vom „rein Privaten" ist dabei schnell überschrit-ten. Grundsätzlich kannst Du davon ausgehen, dass jede Website, die sich an ein größeres Publikum als die eigene Familie richtet, die Grenze zum „rein Privaten" bereits über-schritten hat. Ein Kochblog, der eine Empfehlung für den Thermomix ausspricht (auch wenn es sich dabei nicht um bezahlte Werbung handelt), ist schon nicht mehr „rein pri-vat".

Außerdem musst Du eine Datenschutzerklärung mit in Dei-ne Website aufnehmen.

Das ist besonders wichtig, wenn Du auf Deiner Website sogenannte „Like-Buttons" für Facebook oder Twitter anbietest, aber auch bei der Nutzung von Google Analytics, weil diese Dienste zum Teil bereits beim Aufrufen der Website personenbezogene Daten Ihrer Besucher an die eigenen Server weiterleiten.

Früher wurden die Angaben für die Datenschutzerklärung oft im Impressum mit aufgelistet. Nach einem Urteil des Oberlandesgerichts Hamburg aus Oktober 2013 muss die Datenschutzerklärung aber zwingend sofort als solche erkennbar sein. Daher ist ein eigener Menüpunkt „Datenschutzerklärung" erforderlich. Eventuell wäre ein Menüpunkt „Impressum/Datenschutz" denkbar, wenn die Datenschutzerklärung weiter im Impressum aufgeführt wird. Ich empfehle Dir aber, die Datenschutzerklärung als eigene Seite anzulegen.

Da die Angaben in der Datenschutzerklärung zum Teil stark davon abhängen, welche Möglichkeiten Besucher auf Deiner Website haben (zum Beispiel Newsletterabo, Kommentare, Kontaktmöglichkeiten), empfehle ich Dir für die Erstellung der Datenschutzerklärung den Datenschutzgenerator von Thomas Schwenke (kostenlos für Privatpersonen und Kleinunternehmer – https://datenschutz-generator.de) oder von eRecht24.de (kostenpflichtig).

Idealerweise lässt Du zum Schluss noch einmal eine Anwältin darüberschauen, die sich auf Onlinerecht spezialisiert hat und die Datenschutzerklärung dahingehend prüft, ob sie tatsächlich auf Dein individuelles Business passt oder ob noch Ergänzungen notwendig sind.

Für das Impressum gelten eine ganze Reihe von Pflichtangaben:

Name und Anschrift

Name

- bei Einzelkaufleuten und Privatpersonen: Vor- und Nachname
- bei juristischen Personen: Firmenname
- Die vollständige Postanschrift
- Die Adresse muss „ladungsfähig" sein. Eine Postfachadresse ist aus diesem Grund nicht erlaubt.
- Bei juristischen Personen sind folgende Angaben zusätzlich erforderlich:
- die Unternehmensform (zum Beispiel AG, GmbH, AG, OHG, KG oder auch GbR)
- die Namen aller vertretungsberechtigten Personen (zum Beispiel Vorstand, Geschäftsführer, vertretungsberechtigte Gesellschafter etc.)

Kontaktmöglichkeiten

- E-Mail-Adresse
- Telefonnummer

Wichtig zu wissen: Es muss den Benutzern und Benutzerinnen Deiner Website möglich sein, schnell und unkompliziert Kontakt mit den verantwortlichen Personen aufzunehmen. Daher werden Tippfehler in E-Mail-Adressen oder Telefonnummern wie nicht gemachte Angaben gewertet.

Umsatzsteuer-ID oder Wirtschaftsidentifikationsnummer

Wenn vorhanden, ist die Angabe Deiner UStID-Nummer bzw. der Wirtschaftsidentifikationsnummer im Impressum Pflicht.

Die UStID musst Du nur angegeben, wenn Du eine hast. Es gibt keine Verpflichtung, eine UStID zu beantragen, nur um sie im Impressum angeben zu können. Wenn Du keine US-tID hast, lass die Angabe einfach weg.

Ein häufig gemachter Fehler in diesem Zusammenhang: Die Steuernummer hat im Impressum nichts verloren. Auch dann nicht, wenn Du die Steuernummer für Deine Umsatzsteuererklärung verwendest.

Womöglich gemeinsam mit der Angabe des zuständigen Finanzamtes ist das sogar gefährlich. Menschen mit krimineller Energie könnten mit diesen Daten versuchen, vertrauliche Informationen über Dein Unternehmen abzugreifen.

Ein Anruf beim Finanzamt genügt dafür schon: „Guten Tag, ich bin der neue Steuerberater von xyz. Mir fehlen da für die Steuererklärung noch ein paar Angaben. Die Steuer-Nr. ist 123/4560/789. Könnten Sie mir bitte sagen ..."

Register und Registernummer

Wenn Dein Unternehmen in einem Register eingetragen ist (zum Beispiel Handelsregister, Vereinsregister, Genossenschaftsregister), musst Du die folgenden Daten mit in das Impressum aufnehmen:

• Das Register, in das Dein Unternehmen eingetragen ist
• Angabe der Registernummer

Bei Ausübung von zulassungs- und aufsichtspflichtigen Tätigkeiten

• Angabe der zuständigen Zulassungs- oder Aufsichtsbehörde

Reglementierte Berufe

Zu den reglementierten Berufen gehören unter anderem (aber nicht nur) Ärztinnen, Apotheker, Rechtsanwältinnen, Steuerberater, Wirtschaftsprüferinnen und Architekten.

Für diese Berufsgruppen muss das Impressum um die folgenden Angaben ergänzt werden:

- die gesetzliche Berufsbezeichnung
- der Mitgliedsstaat der EU, in der diese verliehen wurde
- die Angabe der Kammer, in der eine Pflichtmitgliedschaft besteht
- Bezeichnung der berufsrechtlichen Regelungen und Angaben, wie diese zugänglich sind.
- Hier genügt ein Link zur Homepage der zuständigen Kammer, wenn die Regelungen dort zugänglich sind.

Ich empfehle Dir für die Erstellung des Impressums die Verwendung des Impressums-Generators von eRecht24.de (https://erecht24.de).

Generatoren, selbst wenn sie von auf Onlinerecht spezialisierten Anwälten wie Thomas Schwenke oder Sören Siebert (der Kopf hinter erecht24.de) erstellt wurden, können natürlich nur den Standard abdecken. Um auf der ganz sicheren Seite zu sein, was die juristischen Aspekte der Website angeht, macht es auf jeden Fall Sinn, die Inhalte der Website abschließend juristisch auf rechtliche Vollständigkeit prüfen zu lassen.

Auch hier empfehle ich sehr gern den Kontakt zu Thomas Schwenke und Sören Siebert.

Zusammenfassung:

Auf der Startseite solltest Du die Bedürfnisse und Probleme Deiner Zielgruppe adressieren. Ein „Herzlich willkommen" oder „Schön, dass Du da bist" ist an dieser Stelle überflüssig.

Die „Über mich"-Seite ist die zweitwichtigste Seite Deiner Website. Hier solltest Du Dich als Mensch vorstellen und Deine persönliche Seite durchblicken lassen. Bei Einzelunternehmern entscheidet oft die Sympathie, ob ein Dienstleister kon-

taktiert wird oder nicht – und ob die stimmt, darüber soll die „Über mich"-Seite einen ersten Eindruck vermitteln.

Die Kontaktseite ist wichtig, auch wenn Kontaktdaten im Impressum eine Pflichtangabe sind. Hier kannst Du alle Kontaktmöglichkeiten, ggfs. inklusive eines Kontaktformulars, aufführen und die bevorzugte Variante der Kontaktaufnahme kommunizieren.

Impressum und Datenschutzerklärung auf der Website sind Pflicht. Es gibt Generatoren, mit denen Du diese Seiten erstellen kannst, die abschließende Prüfung durch einen Juristen ist aber in jedem Fall empfehlenswert.

Jetzt bist Du dran:

Mache Dir Notizen zu den Inhalten der einzelnen Seiten, die Du später als Grundlage für Deine Texte verwenden kannst. Wenn Du Dich dazu entscheidest, die Texte für Deine Website schreiben zu lassen, sind diese Notizen für den Dienstleister sicher auch sehr wertvoll.

Für Deine Startseite:

- Welche Lösungen bietest Du Deiner Zielgruppe auf der Startseite Deiner Website an?
- Welche Angebote sollten bereits auf der Startseite erwähnt werden?

Für Deine „Über mich"-Seite

- Warum bietest Du genau diese Dienstleistung an, die Du anbietest?
- Was hat Dich dazu motiviert, in diesem Bereich aktiv zu werden?
- Wie arbeitest Du? Wie unterscheidet sich Deine

Arbeitsweise von anderen Anbietern in diesem Bereich?

- Was möchtest Du von Dir als Mensch zeigen?
- Magst Du verraten, dass Du verheiratet bist und Kinder hast?
- Vielleicht hast Du spannende Hobbys, die Du auf Deiner „Über mich"-Seite erwähnen kannst?

Für Deine Kontaktseite:

- Auf welche Weise möchtest Du am liebsten kontaktiert werden:
- Telefonierst Du gern spontan oder möchtest Du Telefonate am liebsten nur nach vorheriger Terminvereinbarung führen?
- Bevorzugst Du die schriftliche Kontaktaufnahme per E-Mail oder bist Du auch über Messenger-Dienste wie Facebook Messenger, WhatsApp oder Ähnliches erreichbar?
- Können Menschen auch einfach spontan bei Dir vorbeikommen?
- Wenn Du eine Büro- oder Praxisadresse hast, an der Du Kunden empfängst, denke auch an eine Wegbeschreibung. Habe dabei nicht nur die Autofahrer im Kopf, sondern auch die Menschen, die mit öffentlichen Verkehrsmitteln anreisen möchten.

Okay, und jetzt zu den Texten. Sollte ich eher lange Texte schreiben oder lieber nur kurze?

Darüber streiten die Fachleute ...

Die einen sagen, im Netz liest niemand mehr lange Texte, man solle sich daher auf kurze Texte beschränken. SEO-Experten dagegen schwören auf lange Texte mit mindestens 1000 Wörtern.

Die Wahrheit liegt wie so oft im Leben irgendwo dazwischen.

Dein Text sollte genau so lang sein, wie er sein muss, damit Du Deine Inhalte sinnvoll übermitteln kannst. Kurze Texte, die so oberflächlich gehalten sind, dass sie keinen Mehrwert vermitteln, locken keinen Hund hinter dem Ofen hervor.

Lange Texte, die vom Hundertsten ins Tausendste kommen und jedes noch so kleine Detail ausführlich ausschmücken, mag im Internet aber auch kaum jemand lesen.

Grundsätzlich gilt: Schreibe so viel Text wie nötig und so wenig wie möglich.

Viel wichtiger als die Anzahl der Worte ist im Übrigen eine gute Lesbarkeit. Das bedeutet nicht nur den Verzicht auf verschachtelte Endlossätze. Mach Dir bewusst, dass das Lesen im Internet für die Augen anstrengender ist als das Lesen auf Papier. Die Augen ermüden schneller. Dazu kommt, dass die Aufmerksamkeitsspanne beim Lesen im Netz relativ gering ist. Viele Menschen scannen einen Artikel erst einmal und lesen nur dort intensiv, wo es für sie interessant erscheint.

Lange Texte ohne Unterbrechung wirken im Netz schnell als „Textwüste" und verleiden die Lust aufs Lesen.

Du solltest daher darauf achten, dass Dein Text aufgelockert wird – durch Zwischenüberschriften und viele Absätze, die dem Auge eine Pause gönnen und beim Scannen als „Ankerpunkte" dienen. Als Faustregel empfehle ich, Absätze über maximal 3 bis 5 Zeilen zu schreiben.

Bilder und Grafiken sind ebenfalls eine gute Möglichkeit, Texte aufzulockern und dem Auge des Lesers Ruhepunkte anzubieten.

Apropos Bilder: Wo kriege ich die eigentlich her?

Wenn Du kreativ begabt bist, ist die günstigste und einfachste Möglichkeit, um an Bilder zu kommen: selbst fotografieren oder zeichnen.

Es gibt im Netz auch einige Tools, die Dich dabei unterstützen, Deine eigenen Bilder oder Grafiken zu erstellen. Canva (https://www.canva.com) und Picmonkey (https://www.picmonkey.com/) sind dafür recht beliebt.

Da ich selbst leider in dieser Hinsicht relativ untalentiert bin, bitte ich um Dein Verständnis, dass ich auf diese Tools hier nicht näher eingehe. Es gibt zu beiden Tools aber viele Anleitungen und Tutorials im Netz, falls Du Dich damit gern näher beschäftigen möchtest.

Ich greife in der Regel auf Bilder von sogenannten „Bilddatenbanken" zu. Die bekanntesten Bilddatenbanken sind wohl Shutterstock (shutterstock.com – hohe Qualität, aber auch recht hochpreisig) und Pixelio (pixelio.de – kostenlose Bilddatenbank).

Vor einem Jahr hätte ich an dieser Stelle noch fotolia.de aufgeführt, dieser Dienst wurde aber vor Kurzem von Adobe Stock übernommen mit einem völlig neuen Preismodell, daher erwähne ich es hier nur noch der Vollständigkeit halber.

Viele Datenbanken haben strikte Vorgaben für die Quellenangaben im Netz und nicht jedes Bild darfst Du ohne Weiteres für Deine Social-Media-Accounts verwenden. Du solltest daher auf jeden Fall einen Blick in die Lizenzvereinbarung der von Dir gewählten Bilddatenbank werfen, um unangenehme Überraschungen in Form von Abmahnungen zu vermeiden.

Eigentlich sollte es selbstverständlich sein, aber der guten Ordnung halber sei es hier noch einmal erwähnt: Es ist ein absolutes No-Go, Bilder irgendwo aus dem Netz herunterzuladen und auf der eigenen Website zu verwenden. Du verstößt damit gegen das Urheberrecht. Wenn Du unbedingt ein Bild verwenden möchtest, das Du im Netz gefunden hast, dann versuche, den Urheber ausfindig zu machen und bitte ihn oder sie um Erlaubnis, das Bild zu verwenden.

Lieber mit Seitenleiste oder ohne?

Das klassische Bloglayout sieht tatsächlich auch 2017 noch immer so aus: Meist links der Inhalt und rechts eine Seitenleiste (auch Sidebar genannt), während Websites heute vom Design eher ohne Seitenleiste auskommen.

Bei der Entscheidung für oder gegen eine Seitenleiste solltest Du Dir überlegen, welche Inhalte Du in der Sidebar transportieren möchtest. Im Blog finde ich persönlich die Sidebar sehr nützlich, um dort auf die letzten oder beliebtesten Blogartikel oder Kommentare zu verweisen oder eine Kategorieübersicht anzubieten. Außerdem ist in der Sidebar rechts oben ein guter Platz, um ein Newsletter-Opt-in unterzubringen.

Daneben bietet sich die Sidebar an, um besondere Angebote zu präsentieren, zum Beispiel anstehende Events, Sonderangebote oder Ähnliches. Da das Auge beim Lesen immer am Ende einer Zeile kurz pausiert, fallen die Inhalte einer Sidebar auf der rechten Seite gut ins Auge.

Ein „Muss" ist die Sidebar aber nicht. Wichtige Angaben, die Du gern auf jeder Seite zeigen möchtest, wie zum Beispiel Deine Kontaktdaten, Social-Media-Links oder auch die Newsletteranmeldung, kannst Du im *Footer* oder im Kopf der Website unterbringen, dafür allein benötigst Du keine Seitenleiste.

Viele moderne *Themes* erlauben Dir auch, für jede Seite individuell zu entscheiden, ob auf dieser Seite eine Sidebar angezeigt werden soll oder nicht. So kannst Du dann zum Beispiel im integrierten Blog Deine Sidebar anzeigen und auf den Inhaltsseiten der Website mit einem *Full-Width-Layout* ohne Sidebar arbeiten.

Zusammenfassung:

Texte sollten so lang wie nötig und so kurz wie möglich sein. Wichtiger als die Textlänge ist, dass diese gut lesbar sind. Auf den Punkt gebrachte Informationen werden vom Leser bevorzugt.

Bei der Verwendung von Bildern ist es wichtig, dass Du Urheberrechte beachtest. Am sichersten ist es, wenn Du eigene Bilder verwendest, die Du auch mit Tools wie Canva oder Picmonkey erstellen kannst. Eine weitere Möglichkeit ist die Verwendung von Bildern aus Bilddatenbanken (zum Beispiel Shutterstock, Pixelio ...). Hierbei solltest Du aber unbedingt die Lizenzen der jeweiligen Anbieter beachten.

Ob auf der Website eine Sidebar verwendet wird oder nicht, ist abhängig davon, welche Inhalte in der Sidebar transportiert werden sollten. Eine Sidebar bietet sich zum Beispiel an für die Hervorhebung von besonderen Events oder Sonderangeboten. Im Blog kannst Du hier auch beliebte Artikel oder die letzten Kommentare präsentieren.

Ein Muss ist die Sidebar definitiv nicht.

Das war wieder ein langer Tag. Christine geht vollgepackt mit Informationen nach Hause. Bis zu unserem nächsten Termin wird sie die Inhalte, die sie auf ihrer Website unterbringen möchte, skizzieren, um dann endlich damit zu beginnen, diese auf der Website einzustellen.

Weil das eine ganze Menge Arbeit ist, verabreden wir uns für einen Termin in 4 Wochen.

In diesem Termin geht es das erste Mal konkret um die „Sichtbarkeit", nämlich darum, was zu tun ist, damit die Website auch gut gefunden werden kann.

1.4 Gefunden werden

Die Website ist fertig, alle Inhalte sind eingepflegt. Wie werde ich denn jetzt gefunden?

Hier kommen wir zum großen Thema „Suchmaschinenoptimierung", kurz „SEO". Falls Du Dich über das „E" wunderst: Die Abkürzung steht für „Search Engine Optimization".

Bei „SEO" müssen wir zunächst einmal unterscheiden zwischen „Onsite-SEO", den Dingen, die Du als Webmaster direkt beeinflussen kannst, und den Dingen, auf die Du nur begrenzt Einfluss hast. Letzteres fällt unter den Begriff „Offsite-SEO".

Zur Offsite-SEO gehören zum Beispiel die Anzahl Deiner Backlinks (= Links von anderen Seiten zu dir) und die Signale aus Social Media. Wie oft Du verlinkt wirst und wie oft Menschen Deine Blogartikel in den sozialen Medien teilen, liken oder kommentieren, darauf hast Du in der Regel nur sehr begrenzt Einfluss.

Beim Onsite-SEO ist Dein Spielraum viel größer. Hier geht es im Wesentlichen um Aspekte, die Du selbst in der Hand hast.

Dann fangen wir mit der Onsite-SEO an. Was muss ich da beachten?

Bevor Du irgendetwas an der SEO-Schraube drehst, ist ganz wichtig: Du brauchst: Inhalt. Inhalt. Und noch mal Inhalt.

Deine Website kann technisch noch so gut optimiert sein, wenn sie nicht qualitativ hochwertige, gute und möglichst aktuelle Inhalte liefert, wirst Du langfristig keine dauerhaften Erfolge bei der Suchmaschinenoptimierung erzielen können.

Deswegen ist es aus meiner Sicht die allerbeste Maßnahme zur Verbesserung Deiner Auffindbarkeit in den Suchergebnissen von Google, einen Blog zu starten. Mit einem Blog generierst Du regelmäßig (selbst wenn Du nur einmal im Monat schreibst, ist das regelmäßig) neue Inhalte, baust Dir eine Stammleserschaft auf und bietest Inhalte, die in Social Media geteilt und von anderen Bloggern verlinkt werden können.

Auf den Blog gehe ich aber später noch mal detaillierter ein.

Neben den Inhalten gibt es noch 3 ganz wichtige Faktoren, die über die Positionierung Deiner Website in den Suchergebnissen entscheiden können: Schnelle Ladezeiten, saubere Darstellung auf mobilen Geräten (Responsive) und eine SSL-Verschlüsselung.

Es gibt geschätzt ca. 200 Faktoren, die Einfluss auf das Ranking Deiner Website bei Google haben, aber diese 3 (also Ladezeiten, responsive Darstellung und SSL-Verschlüsselung) hat Google offiziell bestätigt. Das Ziel von Google ist es, das Web schneller und sicherer zu machen sowie eine gute Nutzererfahrung für mobile Geräte zu bieten. Und wenn Deine Website diese Kriterien erfüllt, steigert das Deine Chancen auf eine gute Platzierung ganz erheblich.

Es ist fast banal, sei der Vollständigkeit halber hier aber erwähnt: Wenn Du eine WordPress-Website hast, dann prüfe, ob Du unter „Einstellungen" – „Allgemein" das Häkchen herausgenommen hast, das die Website für Suchmaschinen blockiert. Das geht ganz schnell mal vergessen, wenn die Website erst im versteckten Zustand erstellt wurde.

Unter Experten ist es etwas umstritten, ob es wirklich einen Vorteil bringt, wenn Du eine Sitemap bei der Google Search Console einreichst, um Google aktiv auf neue Inhalte hinzuweisen. Ich persönlich denke, es schadet nicht und kostet nix, also solltest Du das auf jeden Fall machen.

Dafür meldest Du Deine Website unter https://google.de/webmasters/tools an. Die Sitemap kannst Du in WordPress ganz einfach mit dem *Plugin* „Google XML Sitemaps" erstellen und dann unter „Crawling" – „Sitemaps" in der Search Console einreichen. Die Sitemap findest Du unter https://example.com/sitemap.xml. (Ersetze example.com dabei durch Deine eigene *Domain*.)

Wenn Du zur Unterstützung der Suchmaschinenoptimierung das *Plugin* „Yoast SEO" verwendest, benötigst Du „Google XML Sitemaps" nicht, denn „Yoast SEO" bietet ebenfalls die Möglichkeit, eine Sitemap zu generieren. Die Sitemap ist dann unter https://example.com/sitemap_index.xml zu finden.

Es gibt in WordPress eine ganze Reihe von SEO-*Plugin*s, die Dich dabei unterstützen können, Deine WordPress-Seite noch suchmaschinenfreundlicher zu machen. Die Betonung liegt hierbei auf „unterstützen" – nur durch die Installation eines SEO-*Plugin*s ist Dir keine gute Positionierung in den Suchergebnissen („SERPS") von Google sicher.

Die bekanntesten SEO-*Plugin*s sind das oben bereits erwähnte „Yoast SEO", „All in One SEO Pack" und „wpSEO".

Wenn Du eines dieser *Plugins* nutzt, solltest Du in der Regel die Indexierung von Kategorie- und Archivseiten in Word-Press unterbinden, da sonst unter Umständen *Duplicate Content* generiert wird, weil Blogbeiträge unter verschiedenen Links erreichbar sind.

Ganz wichtig sind die SEO-*Plugins* für die Erfassung der Meta-Tags. Egal für welches *Plugin* Du Dich entscheidest, alle bieten Dir die Möglichkeit, den Meta-Title und die Meta-Description für Deine Beiträge individuell zu erfassen.

Was sind denn Meta-Tags? Und wofür sind die wichtig?

Meta-Tags sind Informationen zu Deiner Website im Quelltext, die nicht öffentlich auf der Website angezeigt werden.

Über die Meta-Tags kannst Du Suchmaschinen weiterführende Informationen übermitteln. Der bekannteste, zwischenzeitlich aber obsolete Meta-Tag ist der Keyword-Tag. Über den Keyword-Tag wurden die wichtigsten Schlüsselbegriffe für eine Website hinterlegt, um den Suchmaschinen mitzuteilen, dass die Website zu diesen Suchbegriffen interessant ist.

Leider wurde diese Option zur Suchmaschinenoptimierung ziemlich missbraucht. Da wurden Dutzende, wenn nicht gar Hunderte Keywords in den Keyword-Tag eingetragen, in der Hoffnung, etwas Aufmerksamkeit durch Google zu bekommen.

Daher ignorieren alle mir bekannten Suchmaschinen den Keyword-Tag zwischenzeitlich komplett. Aufmerksamkeit bekommst Du hierfür höchstens noch, wenn Du die Keyword-Tags wie in alten Tagen mit Hunderten Schlüsselwörtern befüllst – dann erkennen die Suchmaschinen nämlich gern mal auf „Keyword-Spam", was mit Abwertung der Website abgestraft werden kann.

Der „Meta-Title" ist so etwas wie die Hauptüberschrift der Seite – der „Buchtitel" sozusagen. Wenn Du den Meta-Title nicht manuell vergibst, ist er in der Regel identisch mit der auf der jeweiligen Seite verwendeten Überschrift. Das kann sinnvoll sein, muss aber nicht.

So gibt es auf meinem Blog zum Beispiel einen Beitrag „Müssen es immer die Platzhirsche sein".

Ich gehe davon aus, dass jemand, der meinen Blog liest, aus dieser Überschrift ableitet, dass es wohl um irgendwelche großen Player in WordPress geht. Wenn aber Google diese Überschrift ohne weitere Informationen übermittelt bekommt, sind meine Chancen, mit diesem Meta-Title irgendwie zu „WordPress" zu ranken, relativ gering.

Ich habe für diesen Blogartikel daher den Meta-Title „WordPress Alternativen zu W3 Total Cache, Polylang und WPML" vergeben. Darin sind gleich 4 Begriffe enthalten, unter denen ich gern gefunden werden möchte: WordPress, W3 Total Cache, Polylang, WPML.

Und zum Zeitpunkt der Drucklegung dieses Buches erscheint dieser Artikel erfreulicherweise bei der Suche nach „Alternativen zu WPML" auf Seite 1 bei Google. Was sicher nicht nur am Title liegt – aber auch.

Die Meta-Description wird nach meinem Kenntnisstand von den Suchmaschinen heute auch nicht mehr ausgelesen und für die Ermittlung relevanter Keywords für eine Website genutzt. Und trotzdem ist sie nach wie vor unglaublich wichtig, denn das, was Du in der Meta-Description angibst, zeigt Google in der Regel (nicht immer – Google hat manchmal einen eigenen Kopf) in den Suchergebnissen unter dem Link zu Deiner Seite:

WordPress Alternative zu W3 Total Cache, Polylang und WPML ...
https://wp-bistro.de/muessen-es-immer-die-platzhirsche-sein/ ▾
18.05.2015 - W3 Total Cache oder ZenCache? WMPL oder Polylang? WordPress SEO oder wpSEO?
Warum die Plugin-Platzhirsche nicht immer die beste ...

Das, was hier steht, kann darüber entscheiden, ob jemand, dem Deine Website in den Suchergebnissen angezeigt wird, auf den ersten, den dritten oder den siebten Link in der Ergebnisliste klickt. Wenn die Meta-Description aussagekräftig genug ist, um die Interessenten davon zu überzeugen, dass sie auf Deiner Website finden, was sie suchen, kann das Deine Klickrate aus den Suchergebnissen deutlich positiv beeinflussen.

Wenn ich die Keywords nicht über Meta-Tags vergebe, wie erkennt Google die denn sonst?

Google hat sehr ausgefeilte Algorithmen, um zu erkennen, zu welchen Begriffen der Text auf einer Website relevant ist. Dafür wertet Google die Texte auf Deiner Website aus.

Berücksichtigt werden in absteigender Reihenfolge:

- Seitentitel (Meta-Title)
- Überschriften in absteigender Hierarchie von Überschrift 1 – Überschrift 6[4]
- Fettmarkierungen im Fließtext
- Normaler Text im Inhaltsbereich

Bei den Überschriften gilt: Je weiter vorn das Wort in der Überschrift steht, desto größer die Relevanz des entsprechenden Keywords.

Heißt: „Kaufen Sie heute noch Rosen zum Valentinstag" ist als Überschrift nicht optimal, wenn Du auf „Valentinstag" und „Rosen" optimieren möchtest.

---

4) *Im Bonusmaterial zu diesem Buch (https://wp-bistro.de/bonus) findest Du einen Artikel, in dem ich auf die Relevanz der Überschriftenhierarchie noch etwas ausführlicher eingehe.*

Dann besser: „Valentinstag – Rosen für die Liebste noch heute kaufen".

Und beim normalen Fließtext solltest Du darauf achten, dass Du das Schlüsselwort, auf das Du optimieren möchtest, nicht zu häufig einsetzt – Google & Co. strafen überoptimierte Seiten nämlich ab. War die Empfehlung vor ein paar Jahren noch, dass das Keyword etwa 5 % des Textes dominieren sollte, so gehen wir heute eher von einer optimalen Keyworddichte von ca. 2–3 % aus. Das hängt auch damit zusammen, dass Google zwischenzeitlich auch sehr gut Synonyme und ähnliche Wörter erkennen und in Zusammenhang bringen kann.

Auch wenn das immer noch durch einige Tipps und SEO-Ratgeber geistert: Keyword-*Domains* (also *Domain*namen, die das gewünschte Keyword beinhalten), die vor ein paar Jahren noch einen großen Einfluss auf das Suchmaschinenranking hatten, sind für Suchmaschinen heute weitestgehend bedeutungslos.

Aber ähnlich wie bei der Meta-Description, die zwar für die Suchmaschinen unbedeutend geworden ist, für die Besucher in den Suchergebnissen aber einen großen Unterschied machen können (siehe oben), sind auch sogenannte „Pretty *Permalinks*", also *Permalinks*, die erkennen lassen, was sich hinter dem jeweiligen Link verbirgt, aus Gründen der Benutzerfreundlichkeit nach wie vor sehr empfehlenswert.

Ganz grundsätzlich und zusammenfassend lässt sich sagen: Ohne ansprechende Inhalte ist alle Suchmaschinenoptimierung bedeutungslos. Schreibe Deine Texte für Deine menschlichen Besucher in einer natürlichen und gut lesbaren Sprache. Lass Dich nicht verlocken, Dein gewünschtes Suchwort zu oft im Text unterzubringen, wenn es im Lesefluss nicht wirklich 100%ig passt. Deine Leser und Leserinnen merken, wenn sie erst die 2. Geige nach den Suchmaschinen spielen.

Und wie finde ich die für mich richtigen Keywords?

Ich sage immer: „Wer über Bananen schreibt, der wird auch Begriffe verwenden, die Interessenten verwenden, die nach Bananen suchen." In meinem eigenen Blog habe ich noch nie bewusst einen Text auf ein bestimmtes Keyword optimiert, und trotzdem werde ich sehr gut gefunden mit Suchbegriffen, die Leute verwenden, die nach WordPress-*Themen* googeln.

Wenn Dir diese Sichtweise etwas zu einfach ist, kannst Du das Thema natürlich auch etwas „wissenschaftlicher" aufbereiten.

Generell gilt: Es ist sehr schwer, auf ein einzelnes Keyword zu optimieren – zumal das oft auch nur wenig aussagekräftig ist.

Nehmen wir zum Beispiel das Schlagwort „Coach": Dazu gibt es aktuell (Stand 12/2018) bei Google 1.077.000.000 Treffer. Aber: Um was für eine Art Coach geht es? Wonach suchen die Leute konkret?

„Coach für Führungskräfte", „Coach für alleinerziehende Mütter", „Coach für Eltern pubertierender Kinder" … Ich denke, Du verstehst, was ich meine.

Daher ist es immer besser, auf einen sogenannten „Long Tail" zu optimieren. Das ist ein Keyword, das sich aus mehreren Wörtern zusammensetzt. Bleiben wir bei dem Beispiel von oben und schauen uns mal die Konkurrenz für „Coach alleinerziehende Mütter München" an. Da gibt es bei Google aktuell „nur" 520.000 Suchergebnisse. Und – was noch viel wichtiger ist: Jemand, der nach einem „Coach für alleinerziehende Mütter" sucht, landet sehr viel wahrscheinlicher direkt auf der richtigen Website als jemand, der nur nach einem „Coach" sucht.

Mach Dir außerdem bewusst, dass Dein Schlüsselwort nicht die bestmögliche Beschreibung Deiner Tätigkeit oder Deiner Berufsbezeichnung sein sollte, sondern da ansetzt, wo Deine Zielgruppe zu suchen beginnt.

Damit das nicht so abstrakt ist, hier noch mal ein kleines Beispiel:

Mein Lebensgefährte ist Bausachverständiger mit Spezialisierung auf Schäden an Gebäuden. Als ich begonnen habe, seine Website zu gestalten, wollte er gern auf die Begriffe „Bausachverständiger" bzw. „Personenzertifiziert nach DIN EN ISO/ IEC 17024"

optimieren. Vielleicht erinnerst Du Dich – ich hatte dieses Beispiel weiter oben schon einmal in einem anderen Zusammenhang gebracht.

Ganz ehrlich: Wenn Du Schimmel im Schlafzimmer oder Risse in der Wand im Keller hast, suchst Du dann nach „Bausachverständiger" oder „Personenzertifiziert …"? Ich vermute, Du suchst dann eher nach „Was tun gegen Schimmel?" oder „Ursachen für Risse in der Wand" – weil Du im Zweifel noch gar nicht weißt, dass ein Bausachverständiger Dir helfen kann, Dein Problem zu lösen.

Wenn Du nicht sicher bist, wie gut das Keyword ist, auf das Du optimieren möchtest, dann gibt es Tools, die Dir dabei helfen, das zu überprüfen.

Da wäre zum einen „Google Trends" (https://trends.google. de/trends/). Hier kannst Du Dein Keyword eintragen und sehen, wie sich das Interesse nach diesem Suchbegriff im Zeitverlauf entwickelt hat.

So sieht das zum Beispiel für den Begriff „Nichtraucher werden"
aus:

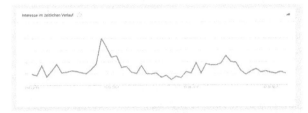

Du kannst hier wunderbar erkennen, dass zum Jahresbeginn sehr viele Menschen nach Möglichkeiten suchen, mit dem Rauchen aufzuhören, und im Jahresverlauf lässt das dann deutlich nach. Wenn Du also einen Blogbeitrag schreiben möchtest zu verschiedenen Möglichkeiten, mit dem Rauchen aufzuhören, wird der vermutlich in der ersten Januarwoche erfolgreicher sein als um Ostern herum.

Ein weiteres Tool ist der Google-Keyword-Planer. Eigentlich ist der Keyword-Planer ein Hilfsmittel bei der Planung von Google-Adwords-Anzeigen, aber auch für die generelle Recherche nach sinnvollen Suchbegriffen kann er wertvolle Hilfestellung leisten. Um den Keyword-Planer nutzen zu können, benötigst Du ein Google Adwords-Account, das Du unter https://adwords.google. com anlegen kannst.

Im Keyword-Planer erhältst Du nach Eingabe eines Keywords Informationen darüber, wie stark der Wettbewerb für diesen Suchbegriff ist (heißt konkret, wie viele Adwords-Kampagnen dazu geschaltet wurden) und erhältst außerdem Alternativvorschläge.

Ideal wäre ein Keyword mit sehr hohem Suchvolumen, aber nur wenig Wettbewerb – das wollen aber viele, weswegen die Chance darauf eher gering ist. Aber auch so gibt der Keyword-Planer dir einen guten Überblick darüber, wie viele Menschen nach Deinem Keyword suchen.

Und was ist mit Offsite-SEO? Was kann ich da tun?

Die Zeiten, in denen Offsite-Optimierung sich im Wesentlichen auf den Aufbau möglichst vieler Backlinks konzentrierte, also Links, die von außen auf Deine Website verlinken, sind lange vorbei.

Suchmaschinen haben ein großes wirtschaftliches Interesse daran, den Suchenden das bestmögliche Suchergebnis zu präsentieren, also die Website, die wirklich die relevantesten Inhalte zu einem bestimmten Suchbegriff liefert, an prominenter Stelle anzuzeigen. Deswegen führen Google & Co. seit Jahren einen Kampf gegen Manipulationen durch Suchmaschinenoptimierer. Die Rankingfaktoren gehen weg von Quantität (möglichst viele Backlinks) hin zu qualitativen Beurteilungskriterien.

Einfach möglichst viele Beiträge und Inhalte in möglichst vielen Artikelportalen unterzubringen, um daraus Backlinks zu generieren, ist SEO von gestern. Dafür sind die Algorithmen, die Suchmaschinen wie Google & Co für die Beurteilung einer Website ansetzen, zwischenzeitlich viel zu ausgereift.

So hat zum Beispiel die Relevanz der sogenannten „Social Signals" (also Likes, Retweets, +1 oder Kommentare in den sozialen Medien) auf das Ranking einer Website in den Suchergebnissen in den letzten Jahren deutlich zugenommen. Je häufiger eine Website in den sozialen Medien auftaucht, desto wahrscheinlicher ist es, dass es sich wirklich um gute und wertvolle Inhalte handelt. Da Social Signals nicht so leicht zu manipulieren sind wie zum Beispiel Backlinks, sind sie für Suchmaschinen eine gute und vertrauenswürdige Grundlage zur Beurteilung der Relevanz einer Website.

Auch Faktoren wie die Besuchszeiten auf einer Website fließen in das Ranking mit ein: Je länger ein Besucher nach Klick auf ein Suchergebnis auf der angeklickten Seite bleibt, je mehr Unterseiten er sich anschaut, desto wahrscheinlicher ist es, dass diese Seite eine hohe Relevanz für das entsprechende Suchwort hat.

Daraus ergibt sich ganz zwingend der Schluss, dass das A und O für eine gute Offsite-Suchmaschinenoptimierung gute und wertvolle Inhalte auf der Website sind, die den Lesern und Leserinnen regelmäßig einen echten Mehrwert bringen.

Gute Inhalte werden gern in den sozialen Medien geteilt, von anderen Websites verlinkt und wenn die Inhalte spannend und informativ geschrieben sind, dann werden sich auch die Besucher Deiner Website gern etwas länger auf Deiner Seite aufhalten. All das sendet positive Inhalte an die Suchmaschinen.

So einfach ist das?

Ja und nein.

SEO ist schon eine echte Wissenschaft, aber wie oben schon erwähnt: Google hat das Ziel, Suchenden die besten Inhalte mit dem größtmöglichen Mehrwert zu liefern. Danach suchen die Algorithmen der Suchmaschinen. Konkret bedeutet das: Wer größtmöglichen Mehrwert mit seinen Inhalten schafft, hat gute Chancen, positiv gelistet zu werden.

Zugegeben: Das ist harte Arbeit und erfordert eine Menge Disziplin, Regelmäßigkeit und wirklich gute Inhalte. Aber eine Website, die durch Qualität, Disziplin und Regelmäßigkeit eine gute Platzierung in den Suchergebnissen erreicht hat, muss sich vor Abstrafungen durch den Google-Algorithmus nicht fürchten.

Da das Thema „Suchmaschinenoptimierung" in diesem Buch nicht in absoluter Tiefe behandelt werden kann, findest Du im Bonusmaterial zu diesem Buch (https://wp-bistro.de/bonus) noch einige weiterführende Buchempfehlungen.

Du hast gesagt, Inhalte sollten möglichst aktuell sein. Wie mache ich das am besten?

Hier kommt das ideale SEO-Tool ins Spiel, das meiner Meinung nach auf keiner Website fehlen sollte: ein eigener Blog.

Ein Blog liefert ständig neue und aktuelle Inhalte und damit potenzielle Treffer für die Suchmaschine. Du kannst mit dem Blog eine Stammleserschaft aufbauen, Reichweite und Sichtbarkeit verbessern und Dich darüber hinaus auch noch wunderbar als Expertin in Deinem Bereich positionieren.

Doch dazu mehr im Teil 2 dieses Buches.

Zusammenfassung:

Wichtigster Faktor bei der Suchmaschinenoptimierung ist guter, wertvoller Inhalt.

Suchmaschinen haben ein wirtschaftliches Interesse daran, die bestmöglichen Inhalte zu Suchbegriffen anzuzeigen. Daher fokussiert der Algorithmus von Google immer mehr auf hochwertige Inhalte.

Man schätzt, dass es ca. 200 Faktoren gibt, die Google beim Ranking berücksichtigt. Offiziell bekannt sind Ladezeiten, responsive Darstellung und SSL-Verschlüsselung.

Für das Onsite-SEO ist es wichtig, dass Du die sogenannten Meta-Tags pflegst.

Der Meta-Title entspricht der „Hauptüberschrift" der Seite. Im Meta-Title verwendete Keywords haben für Google eine hohe Relevanz.

Die Meta-Description wird von Google unter den Suchergebnissen angezeigt. Auch wenn Google die Meta-Description für die Relevanz von Keywords nicht berücksichtigt, ist die Meta-Description sehr wichtig, da sie darüber entscheiden kann, welcher Link in den Suchergebnissen angeklickt wird.

Die Meta-Keywords werden von keiner Suchmaschine mehr berücksichtigt, da diese früher oft missbraucht wurden. Google zieht sich die relevanten Keywords aus dem Inhalt der Seite.

Bei der Auswahl des Keywords solltest Du den Fokus auf die Bedürfnisse und Probleme Deiner Zielgruppe legen. Auf Dein eigenes Angebot zu optimieren funktioniert nur dann, wenn Deine Zielgruppe die Lösung schon kennt.

Auch beim Offsite-SEO funktionieren Methoden aus früheren Jahren nicht mehr so gut.

Suchmaschinen konzentrieren sich zunehmend auf Faktoren, die auf eine hohe Qualität der Inhalte schließen lassen, die nicht so leicht zu manipulieren sind. Dazu gehören zum Beispiel Signale aus Social Media (Likes, Retweets, +1, etc.) oder die Verweildauer auf der Website.

Da Suchmaschinen hochwertige, aktuelle Inhalte bevorzugen, sollte Suchmaschinenoptimierung auch genau das liefern: regelmäßige, hochwertige neue Inhalte.

Jetzt bist Du dran:

Welche Keywörter beschreiben die Lösung, die Du Deinen Kunden bietest, am besten?

Welche Begriffe assoziiert man mit Deinem Thema?

Mach Dir hierzu eine Liste und überprüfe, ob diese Begriffe in Deinen Texten regelmäßig vorkommen. Falls nicht, dann macht es Sinn, Deine Texte noch mal mit Blick auf diese Begriffe zu überarbeiten.

Verwende die Keywords auch bei der Pflege der Meta-Tags für Deine Website.

Christine hat nun genug Input zum Thema Suchmaschinenoptimierung an der Hand. Ihre Aufgabe ist es jetzt, sich darüber klar zu werden, welche Suchbegriffe für ihre neue Website treffend und sinnvoll sind. Für die bereits angelegten Seiten kann sie jetzt die Meta-Tags erfassen, da sie weiß, worauf es dabei ankommt.

Unser nächster Termin findet 14 Tage später statt. In diesem Gespräch geht es darum, wie es gelingt, regelmäßig frische Inhalte auf der Website einzustellen, um eine hohe Sichtbarkeit der Website zu erreichen.

Teil 2: Der Blog

Was genau bringt mir denn ein Blog?

Erst einmal ist ein Blog ein großartiges Instrument, um Dich und Deine Expertise in das richtige Licht zu rücken.

Du kannst auf Deiner Website beschreiben, was Du tust, wie Du es tust und warum Du es tust. Aber in einem Blog, in dem Du regelmäßig über Dein Herzensthema schreibst, kannst Du zeigen, dass Du wirklich Ahnung hast. Du kannst Deine Expertise transportieren, deine Meinung zu Themen klar formulieren und durchaus auch einmal polarisieren. Kurz: Du kannst Dich als Expertin für Dein Thema positionieren.

Zudem ist ein Blog ein sehr wirksamer Filter. Nicht jede wird Deinen Schreibstil mögen, nicht jeder kann sich mit Deinen Ansichten identifizieren. Und das ist auch gut so. Denn Leute, die Deinen Schreibstil oder Deine Ansichten nicht gut finden, gehören im Zweifel auch nicht zu Deiner Zielgruppe. Wenn die Chemie nicht stimmt, wird die Zusammenarbeit oft für beide Seiten schwierig. Und wenn Du schon vorab die Möglichkeit gibst, sich über Deinen Blog ein Bild von Dir zu machen, tust Du beiden Seiten einen Gefallen.

Diejenigen, die Deinen Blog lesen und Dich sympathisch finden, die kommen auch gern immer wieder. Vielleicht abonnieren sie Deinen Blog oder Deinen Newsletter (dazu kommen wir später noch). So entsteht eine langfristige Leserbindung. Mit jedem neuen Beitrag auf Deinem Blog wirst Du dann wieder sichtbar und bleibst präsent. Deine Leser bekommen das Gefühl, Dich gut zu kennen. Du bist keine Fremde mehr, sondern eine gute Bekannte.

Eine Marketingregel sagt, dass eine potenzielle Kundin mindestens 8 Kontakte benötigt, um zu kaufen. Über einen re-

gelmäßig geführten Blog kannst Du das recht einfach erreichen.

Und neben all den positiven Aspekten, die ein Blog für Deine Positionierung hat, gilt außerdem: Jeder Artikel, den Du
veröffentlichst, ist ein potenzieller Treffer für Google.

Mit jedem Beitrag über Dein Thema verwendest Du Begriffe, nach denen Menschen, die noch gar nicht wissen, dass
Du die Lösung für ihre Fragen bietest, möglicherweise suchen. Selbst wenn nicht jeder Beitrag auf Seite 1 bei Google landet – mit jeder neuen Veröffentlichung steigen Deine
Chancen, das Beiträge von Dir verlinkt, in den Social Media
geteilt oder über die Suchergebnisse von Google gefunden
werden – und langsam oder sicher werden so auch die Zu-
griffszahlen auf Deinen Blog steigen und damit auch Deine
Sichtbarkeit.

Aber es gibt doch schon so viele Blogs. Warum sollte jemand gerade meinen Blog lesen wollen?

Das ist eine Frage, mit der Du nicht alleine bist. Aber die
Sorge, dass Du möglicherweise nichts zu sagen hast, was andere nicht schon gesagt haben, ist völlig unbegründet.

Denn: Du hast Deinen ganz eigenen, unverwechselbaren
Stil. Du hast Deine eigenen Ansichten und Herangehens-
weisen an Dein Thema. Und damit findest Du auch exakt
Deine Zielgruppe.

Schau: Ich zum Beispiel schreibe einen Blog über Word-
Press. Davon gibt und gab es schon eine ganze Menge, bevor
ich damit begonnen habe. Aber jeder dieser Blogs hat seinen
eigenen Stil und seine eigene Ausrichtung. Manche Blogs
haben eine sehr technische Sprache, andere richten sich mit
Ihren *Theme*n erkennbar an fortgeschrittene Anwender.

Wieder andere fokussieren sich auf bestimmte Bereiche wie zum Beispiel Sicherheit oder Entwicklung.

Mein Blog richtet sich an Laien zum Thema WordPress. Ich versuche, meine Beiträge in einer gut verständlichen Sprache zu schreiben. Mein Ziel ist es, dass auch absolute Einsteiger und Anfängerinnen mithilfe meiner Blogbeiträge ihre Website gestalten können. Damit erreiche ich genau mein Zielpublikum. Nicht den Hardcore-Entwickler, nicht die Suchmaschinenoptimiererin, nicht den Marketingvorstand eines mittelständischen Unternehmens. Sondern Anfänger und Einsteigerinnen in das Thema WordPress. Und damit hat mein Blog eine Existenzberechtigung.

Und genau das gilt auch für Dich: Deine Erfahrung, Dein Stil, Deine Sprache – das wird die Menschen Deiner Zielgruppe ansprechen, die perfekt zu Dir passen. Und weil niemand so schreibt wie Du, kannst Du auch über *Themen* schreiben, die andere vielleicht schon mal angesprochen haben.

Ich weiß nicht, ob ich dafür wirklich gut genug bin?

Klar bist Du das. Mach Dir klar: Du hast Dich mit Deinem Thema bereits intensiv beschäftigt. Du hast dazu vielleicht eine Ausbildung gemacht, Kurse absolviert, Fachliteratur gelesen. Du hast auf jeden Fall Erfahrung und Expertise – selbst wenn Du vielleicht noch relativ am Anfang stehst – Du wirst Dich sicher nicht mit einem Thema selbstständig gemacht haben, von dem Du so gar keine Ahnung hast.

Und damit bist Du Expertin für diejenigen, die sich noch überhaupt nie mit der Materie befasst haben. Und genau die sind Deine Zielgruppe. Wenn dann Dein Unternehmen wächst, sich weiterentwickelt und Deine Erfahrung wächst, dann wird auch Deine Zielgruppe mit Dir mitwachsen.

Ich habe oben vom „Zielgruppenfilter" gesprochen – und das gilt auch hier: Wenn Du noch am Anfang stehst, dann bieten Deine Blogartikel vielleicht noch nicht wirklich Mehrwert für potenzielle Interessenten mit großem Vorwissen und sehr hohen Erwartungen. Das ist aber auch nicht schlimm, denn: Deren Ansprüche könntest Du vielleicht auch in der direkten Zusammenarbeit noch gar nicht erfüllen.

Diejenigen aber, die Du mit deinen Veröffentlichungen begeisterst, die werden bei Dir auch die Unterstützung finden, die Du bietest. Du holst „Deine" Interessenten mit Deinem Blog also bei ihrem Kenntnisstand ab.

Und worüber soll ich dann schreiben?

Mit Deinen besten Ideengebern arbeitest Du tagtäglich zusammen: Deine Kundinnen und Kunden.

Welche Fragen stellen diese Dir besonders häufig? Welche *Themen* kommen immer wieder zur Sprache?

Beantworte diese Fragen einfach in Deinem Blog. Das hat den großen Vorteil, dass Du ein- und dieselbe Frage nicht immer wieder beantworten musst. Du kannst bei Fragen dann einfach den Link zu diesem Blogartikel weitergeben. Du hilfst den Leserinnen und Lesern Deines Blogs, die diese Frage haben und zeigst, dass Du Lösungen kennst.

Und keine Sorge: Du wirst trotzdem weiterhin gebucht, auch wenn Dein Blog regelmäßig wiederkehrende Fragen beantwortet. Denn im Blog kannst Du Know-how transferieren – die Menschen kaufen dann aber gern die Erfahrung dazu. Und selbst, wenn jemand in Deinem Blog seine Fragen beantwortet bekommt und kein zahlender Kunde wird – er wird dann möglicherweise trotzdem Multiplikator, der Deinen Blog und Dich gern weiterempfiehlt. Ich empfehle hier sehr gern das Buch „Prinzip kostenlos" von Kerstin Hoffmann.

Weitere mögliche *Themen* für Deinen Blog sind Erfahrungsberichte. Schreibe über Deine Arbeit (natürlich in anonymisierter Form) und wie Du bestimmte Aufgabenstellungen gelöst hast.

Wenn Du zu einem Thema eine bestimmte Meinung hast – gern auch provokant –, dann ist Dein Blog der perfekte Ort, um diese Meinung öffentlich zu machen und zur Diskussion zu stellen. Das erfordert zugegebenermaßen ein bisschen Mut, ist aber sehr effektiv mit Blick auf Deine eigene Positionierung.

Und falls Du wirklich mal überhaupt keine Idee hast, worüber Du schreiben könntest, kannst Du hin und wieder auch ein passendes Zitat veröffentlichen. Oder Du schreibst einen Beitrag, in dem Du auf interessante Beiträge in anderen Blogs hinweist und diese verlinkst.

Nach meiner eigenen Erfahrung sprudeln die Ideen irgendwann von selbst, wenn Du einmal angefangen hast, regelmäßig zu bloggen. Dann ist es hilfreich, eine Stichpunktliste zu führen, auf der Du diese Ideen notierst. Die solltest Du im Idealfall immer bei Dir haben, damit auch unterwegs keine Idee verloren geht. Ich nutze dafür zum Beispiel Evernote auf dem Smartphone, ein kleiner Block in der Handtasche leistet aber ebenso gute Dienste.

Was, wenn Schreiben so gar nicht mein Ding ist?

Wichtig ist, dass Du regelmäßig etwas veröffentlichst – das muss aber nicht zwingend in schriftlicher Form sein.

Wenn Du nicht schreiben magst, ist ein Videoblog vielleicht das Richtige für Dich. Wenn Du Deine Beiträge über YouTube hochlädst, nutzt Du gleichzeitig noch eine weitere Plattform zur Erweiterung Deiner Sichtbarkeit.

Wenn Du lieber sprichst als schreibst, Dich aber nicht gern vor der Kamera zeigen möchtest, dann kannst Du einen Podcast erstellen.

Wenn Du einen Videoblog oder einen Podcast erstellst, dann wäre eine Transkription oder zumindest eine schriftliche Zusammenfassung der Inhalte eine nette Geste für Menschen wie mich, die lieber lesen als zuhören. Wenn Du das nicht selbst machen möchtest, kannst Du das Transkript vielleicht an eine virtuelle Assistentin delegieren.

Aber auch ohne ein Transkript wird Deine Sichtbarkeit über die jeweiligen Kanäle wachsen, wenn Du regelmäßig gute, wertvolle Inhalte veröffentlichst.

Vielleicht liegt Dir auch eher das visuelle – dann veröffentliche doch einfach kleine Zeichnungen zu Deinem Thema. Sketchnotes und Grafiken werden sehr gern in den sozialen Medien geteilt. Damit kannst Du also durchaus eine große Sichtbarkeit erreichen.

Du siehst, es gibt viele Wege, regelmäßig gute und neue Inhalte zu erstellen, auch wenn Du nicht so gern schreibst.

Wie oft sollte ich neue Inhalte produzieren?

Das kommt darauf an, welches Ziel Du mit dem Blog erreichen möchtest.

Wenn es Dir darum geht, schnell viele Seitenaufrufe der Website zu erreichen, dann ist eine relativ hohe Frequenz erforderlich. Idealerweise bloggst Du dann täglich, mindestens aber einmal in der Woche. Je höher die Schlagzahl Deiner Blogbeiträge, desto schneller wird sich das Besucherwachstum auf Deinem Blog entwickeln.

Wenn es Dir in erster Linie darum geht, Dich als Expertin zu positionieren, musst Du nicht ganz so häufig schreiben. Dann genügt auch ein Blogartikel im Monat – oder vielleicht auch nur ein Blogartikel im Quartal. Denn mit jedem Blogartikel zeigst Du etwas über Dich selbst und Leser und Leserinnen können sich ein Bild von Dir machen – unabhängig davon, wie oft Du schreibst.

Wichtiger als die Schlagzahl der Beiträge ist die Regelmäßigkeit.

Also zum Beispiel: Jeden Dienstag um 9:30 Uhr erscheint ein neuer Blogartikel.

Oder: Jeden ersten Montag im Monat.

Aus meiner persönlichen Erfahrung ist ein Blogbeitrag pro Woche ideal. Das ist vom Zeitaufwand relativ gut machbar und es überfordert Menschen, die Deinen Blog verfolgen, auch nicht so sehr wie täglich neuer Input. Aber auch ein Beitrag pro Monat ist völlig okay.

Selbst wenn Du es nicht schaffst, diese Regelmäßigkeit einzuhalten, es gilt immer: Jeder veröffentlichte Beitrag ist besser als gar kein Beitrag. Denn jeder neue Beitrag kann über Suchmaschinen gefunden werden und untermauert Deinen eigenen Expertenstatus.

Ich habe mal irgendwo gelesen, ein Blogbeitrag sollte mindestens 1.000 Wörter haben. Wie siehst Du das?

Ehrlich gesagt halte ich von dieser Art Faustregel überhaupt nichts. Ein Blogbeitrag sollte genau so lang wie nötig und so kurz wie möglich sein. Es sind nicht nur die langen Fachartikel, die einen Mehrwert bieten. Auch kurze Beiträge können sehr wertvoll sein, wenn sie knapp und präzise ein Thema auf den Punkt bringen.

Richtig ist, dass die Aufmerksamkeitsspanne beim Lesen im Netz recht kurz ist. Die Menschen wollen keine „Textwüsten". Auf der anderen Seite bringt ein zu kurzer Beitrag, der die wichtigsten Aspekte nur anreißt und nichts erklärt, deutlich weniger Mehrwert als ein ausführliches Tutorial.

Viel wichtiger als die Länge des Artikels ist, dass Du den Text lesefreundlich aufbereitest. Dazu solltest Du wissen, dass beim Lesen am Bildschirm die Texte in der Regel erst einmal nach den wichtigsten Inhalten „gescannt" werden. Das Auge findet dabei Halt an hervorgehobenen Elementen wie Bildern, Überschriften und Fettmarkierungen.

Du solltest daher in Deine Texte viele Zwischenüberschriften einbauen und nur kurze Absätze schreiben. Für mich hat sich die Faustregel bewährt, keinen Absatz länger als 3 bis 5 Zeilen zu schreiben. Auch Bilder sorgen nicht nur für eine Visualisierung der Inhalte, sondern lockern den Text auf.

Wenn ich mein Wissen so großzügig im Blog teile, kauft dann überhaupt noch jemand bei mir?

Im ersten Moment könnte man das sicher denken. Aber die Erfahrung zeigt, dass das Gegenteil der Fall ist: Je großzügiger Du mit Deinem Wissen umgehst, desto gefragter wirst Du als Expertin. Der Grund dafür ist ganz einfach: Wissen kannst Du verschenken. Im Netz findet sich heute fast alles Know-how irgendwo kostenlos, wenn Du nur lange genug suchst. Wenn Du Dein Wissen selbst öffentlich machst, kannst Du dadurch mit Deiner Kompetenz punkten. Die Menschen kaufen dann gern Deine ERFAHRUNG – denn die ist in der Regel viel mehr wert als nacktes Wissen.

Und selbst die, die nur Deinen Blog lesen und nie zu Deinen Kundinnen und Kunden werden, können trotzdem wertvolle Multiplikatoren werden.

Dazu eine nette Anekdote: Vor einigen Jahren erhielt ich eine Mail von einem Leser meines Blogs, dem ich empfohlen worden war. Er schrieb damals sinngemäß: „Dein Blog ist wirklich cool und ich habe gefunden, was ich gesucht habe. Aber leider werde ich wohl nie ein Kunde von Dir, denn ich bin ein Frickler und Selbermacher und das, was ich nicht selber weiß, kann ich mir aus Deinem Blog zusammensuchen."

Eigentlich erst mal ziemlich niederschmetternd, oder? Aber mitnichten: Der Selbermacher von damals ist noch heute ein sehr treuer Fan (und außerdem zwischenzeitlich Mitglied meines Erfolgsteams). Und obwohl ich ihm bis heute noch niemals eine Rechnung geschrieben habe, weiß ich, dass er mich schon sehr häufig erfolgreich weiterempfohlen hat. Kürzlich hat er mir sogar eine eigene Podcastfolge gewidmet. Er wurde tatsächlich niemals Kunde, aber trotzdem ist der Kontakt zu ihm für mich bis heute sehr, sehr wertvoll.

Wie handhabst Du das mit den Kommentaren? Sollte ich die erlauben?

Auf jeden Fall. Kommentare sind das Lebenselixier für Blogs, denn erst durch sie kommst Du mit Deinen Leserinnen und Lesern in einen Dialog. Durch die Kommentare zu Deinen Blogartikeln erhältst Du wertvolle Impulse. Welche Fragen werden gestellt? Kannst Du sie eventuell in einem neuen Blogbeitrag beantworten? Oder kannst Du daraus vielleicht sogar ein ganz neues Produkt entwickeln?

Wichtig ist, dass Du die Kommentare auch beantwortest – und wenn es nur ein nettes: „Danke für Dein Feedback" ist.

Wenn Deine Kommentatoren sehen, dass Du ihre Kommentare ernst nimmst und „zuhörst", werden sie vermutlich sehr viel lieber weiter kommentieren, als wenn ein Kommentar unbeantwortet und scheinbar ungelesen in der Masse verhallt.

Es gibt auf meinem Blog einige Beiträge, in denen sich eine regelrechte Mikrocommunity entwickelt hat. Dort werden die Fragen in den Kommentaren zwischenzeitlich teilweise schneller von anderen Lesern und Leserinnen beantwortet als von mir selbst. Das finde ich total großartig und es zeigt, was Kommentare auch können: Menschen ganz eng an Deinen Blog binden.

Ich weiß, dass die Frage nach dem Freischalten von Kommentaren oft aus der Angst vor negativen oder kritischen Kommentaren resultiert. Aber ganz ehrlich: Kommentare aus Furcht vor Kritik nicht freizuschalten, ist verschenktes Potenzial.

Du sprichst da einen wichtigen Punkt an. Wie gehe ich mit kritischen Kommentaren um?

Erst mal: Tief durchatmen, in die Tischkante beißen oder einen Sandsack verprügeln. Eine Runde spazieren gehen oder noch besser eine Nacht darüber schlafen.

Was Du auf keinen Fall tun solltest: sofort darauf antworten. Ein Blog ist kein Chat, Du kannst Dir also auf jeden Fall ein paar Stunden oder auch Tage Zeit nehmen, um zu reagieren. Das solltest Du auf jeden Fall tun: reagieren, aber erst, wenn die erste Wut, der erste Frust oder die erste Trauer verflogen sind.

Auch wenn's wehtut: Mach Dir bewusst, dass in kritischen Rückmeldungen immer auch ein Körnchen Wahrheit stecken könnte. Und dass darin das Potenzial zur Verbesserung steckt. Nimm daher jeden Kommentar ernst. Und wenn die Kritik tatsächlich gerechtfertigt ist, dann steh dazu. Eigene Fehler darfst Du zugeben und daraus für die Zukunft lernen. Das beweist Stärke – auch wenn es sich zugegebenermaßen im ersten Moment vermutlich anders anfühlt.

Ich persönlich halte es für sehr wichtig, sich für jeden Kommentar zu bedanken – ganz egal, wie sehr er Dich vielleicht geärgert hat. Zur Not auch ganz neutral: „Danke für Deinen Kommentar. Ich respektiere Deine Meinung." Ganz wichtig: Rechtfertige Dich nicht. Verteidige Dich nicht. Lass Dich auf keine Diskussion ein. Einfach nur ein kurzes Statement von Dir ist absolut ausreichend.

Ein absolutes No-Go aus meiner Sicht ist es, unliebsame Kommentare einfach zu löschen – auch wenn es Dir dazu vielleicht in den Fingern juckt. Mach Dir einfach bewusst: Der Kommentator sagt in der Regel mehr über sich selbst aus, als ihm lieb ist. Die anderen Leser und Leserinnen Deines Blogs können das durchaus einschätzen. Eine Ausnahme von dieser Regel sind Kommentare, die ganz klar unter die Gürtellinie gehen, rassistisch sind oder auf andere Weise gegen geltendes Recht und gute Sitten verstoßen. Solche Kommentare darfst und solltest Du auf jeden Fall löschen.

Und wie bringe ich den Beitrag nach der Veröffentlichung in die Welt?

Idealerweise, indem Du dafür sorgst, dass möglichst viele Menschen Deine Beiträge auch lesen. Am einfachsten und schnellsten geht das, wenn Du dafür Social-Media-Plattformen nutzt. Dazu kommen wir dann im nächsten Kapitel.

Zusammenfassung:

Ein Blog untermauert Deine Expertise dadurch, dass Du regelmäßig über die Themen schreibst, in denen Du Dich gut auskennst.

Ein Blog fungiert als Zielkundenfilter – Menschen, die mit den Inhalten Deines Blogs nichts anfangen können, gehören in der Regel nicht zu Deiner Zielgruppe.

Jeder Blog hat seinen eigenen Stil und daher seine Existenzberechtigung, auch wenn es zu diesem Thema schon viele andere Blogs gibt.

Die besten Ideengeber für Deinen Blog sind Deine Kundinnen und Kunden. Beantworte einfach häufig gestellte Fragen direkt im Blog.

Auch Erfahrungsberichte (in anonymisierter Form) eignen sich gut für Deinen Blog. So können sich Deine Leserinnen und Leser auch gleich ein Bild davon machen, wie Du Dinge angehst und wie Du arbeitest.

Zitate oder Verlinkungen auf interessante Blogs sind hin und wieder auch absolut okay.

Wenn Du nicht schreiben willst, dann gibt es gute Alternativen zum Blog:

- *Podcast*
- *Videoblog*
- *Sketchnotes und Infografiken*

Wie oft Du einen neuen Beitrag veröffentlichen solltest, ist abhängig von Deiner Zielsetzung: Wenn es Dir darum geht, schnell viele Besucher zu generieren, dann solltest Du häufig, idealerweise mindestens einmal wöchentlich, veröffentlichen.

Wenn Dein Hauptziel ist, Deinen Expertenstatus zu unter-mauern, dann genügt auch ein Blogartikel im Monat oder im Quartal.

Wichtiger als Häufigkeit ist die Regelmäßigkeit, d. h. Du soll-test Deine Beiträge idealerweise immer zu einem festen Ter-min veröffentlichen.

Und grundsätzlich gilt: jeder Blogbeitrag ist besser als kein Blogbeitrag.

Bei der Länge der Texte gilt: So kurz wie möglich, so lang wie nötig.

Du solltest keine Angst haben, Dein Wissen auf Deinem Blog zu verschenken. In der Regel gibt es Wissen heute überall um-sonst – Deine Zielgruppe kauft später aber gern Deine ER-FAHRUNG.

Kommentare sind das Lebenselixier für Deinen Blog. Da-durch kommst Du mit Deinen Leserinnen und Lesern ins Gespräch.

Negative oder kritische Kommentare enthalten oft auch ein Körnchen Wahrheit. Wenn Du tatsächlich einen Fehler ge-macht hast, dann stehe dazu.

Kommentare löschen ist ein No-Go – ausgenommen sind Kommentare, die klar unter die Gürtellinie gehen, rassis-tisch sind oder gegen geltendes Recht und gute Sitten ver-stoßen.

Bedanke Dich auch für kritische Kommentare – auch wenn es schwerfällt. Lass Dich aber auf keine Diskussion ein – Kommentatoren sagen oft mehr über sich selbst als über Dich.

Und jetzt bist Du dran:

Am besten startest Du noch heute mit der *Themen*-sammlung für Deinen neuen Blog. Beginne damit, dass Du Dir angewöhnst, immer einen kleinen Block bei Dir zu haben, auf dem Du Deine Ideen für Blog*Themen* notierst, sobald sie Dir in den Sinn kommen. Alternativ kannst Du auch eine Notiz in Evernote auf Deinem Smartphone dafür einrichten.

- Welche Fragen stellen Dir Kunden immer wieder?
- Hast Du spannende Fälle gehabt, über die Du im Blog berichten kannst?
- Gibt es *Themen*, zu denen Du eine ganz spezielle Meinung hast? Stelle diese Meinung im Blog zur Diskussion.

Eine gute Ideenquelle sind übrigens auch Foren. Wenn es Foren gibt, die sich mit Deinem Thema beschäftigen, dann melde Dich an. Wenn dort spannende Fragen gestellt werden, beantworte sie in Deinem Blog.

Der Termin heute war nicht besonders lange, aber Christine brennt jetzt darauf, ihren eigenen Blog zu starten. Sie ist bereits mit einer Ideenliste für die ersten 6 Beiträge aus unserem Termin gegangen und möchte diese jetzt erst einmal veröffentlichen.

Daher vergeht bis zu unserem nächsten Termin ein wenig Zeit. Wir treffen uns 8 Wochen später, um darüber zu sprechen, wie Christine die sozialen Medien nutzen kann, um die Sichtbarkeit der Blogbeiträge zu erhöhen und ihren Expertenstatus weiter zu untermauern.

Teil 3: Social Media

Was genau verstehst Du unter „Social Media"

Social Media – die sozialen Medien – sind für mich das, was früher der Dorfklatsch war: Erfahrungsaustausch, Mund-zu-Mund-Propaganda, Empfehlungen … nur eben nicht mehr nur aufs Dorf beschränkt, sondern global.

So, wie sich die Leute früher im Tante-Emma-Laden um die Ecke ausgetauscht haben über den besten Friseur, die beste Schneiderin oder den Bäcker mit dem besten Streuselkuchen, so tauschen wir uns heute in den sozialen Netzwerken mit zigtausend Menschen aus. Persönliche Weiterempfehlungen sind so nicht mehr länger auf einen Radius von ein paar Kilometern um den eigenen Wohnort beschränkt. Du erreichst Menschen in ganz Deutschland – oder sogar international.

Welche Plattform sollte ich denn da nutzen?

Dazu gibt es keine eindeutig richtige Antwort. Denn das ist sehr stark abhängig davon, wer Dein Zielkunde ist – und in welchen Netzwerken Dein Zielkunde sich bevorzugt aufhält.

XING und LinkedIn sind eher businessorientierte Netzwerke. Hier bist Du vermutlich richtig, wenn sich Dein Angebot an mittelständische und große Unternehmen, Managerinnen und Führungskräfte richtet. XING ist dabei auf den deutschsprachigen Raum beschränkt, während LinkedIn international ausgerichtet ist.

Twitter und Facebook sind eher private Netzwerke. Hier bist Du richtig, wenn Du mit Privatpersonen in Kontakt kommen möchtest. Auch Einzelunternehmer findest Du sehr häufig auf diesen Netzwerken.

Aus meiner persönlichen Sicht bietet Facebook mehr Möglichkeiten, sich auszutauschen. Ich komme dort eher ins Gespräch und bin mit meinem Profil sichtbarer, als das bei Twitter der Fall ist. Twitter ist sehr schnelllebig – ein Tweet ist meist schon nach weniger als einer Stunde so alt, dass er kaum noch gefunden wird.

Ich selbst nutze Twitter als „Konferenztool", wenn ich auf Barcamps bin, um andere an den Vorträgen teilhaben zu lassen. Sonst nutze ich es fast das ganze Jahr überhaupt nicht. Ich weiß aber von anderen, dass sie Twitter lieben und darüber auch den ein oder anderen Kundenkontakt angebahnt haben. „Richtig" oder „Falsch" gibt es hier eigentlich nicht. Entscheidend ist Dein Bauchgefühl – wie wohl Du Dich mit dem jeweiligen Netzwerk fühlst.

Natürlich gibt es neben XING, LinkedIn, Facebook und Twitter noch sehr viel mehr Plattformen wie Instagram oder Pinterest, die mit Bildern arbeiten. Hier finden sich DIY-Blogger und Künstler. Für Food, Ernährung, Mode und Lifestyle sind das die wichtigsten Kanäle. Und auch Jugendliche tummeln sich eher auf Instagram als auf Facebook. Ein Teenie in meinem näheren Umfeld hat mich bereits vor einem Jahr darüber belehrt, dass auf Facebook ja eigentlich nur noch alte Leute unterwegs seien ...

Sollte ich nicht auf möglichst vielen Plattformen präsent sein?

Um diese Frage zu beantworten, lass uns mal schauen, wie die Kommunikation auf Social Media funktioniert: Wenn Du einen Beitrag in Deinem Netzwerk teilst und dann nicht mehr reagierst, wird schnell niemand mehr Lust haben, auf Deine Beiträge zu reagieren.

Wenn Du selbst immer nur Werbung für Dich selbst postest und sonst nicht in Erscheinung trittst, stellst Du keine Nähe her. Du wirst auf diese Weise nur sehr wenige Personen erreichen, die Deine Beiträge dann auch gern teilen.

Viel wichtiger als das Posten Deiner Blogbeiträge in den sozialen Netzwerken ist es, dass Du wirklich präsent bist. Dazu gehört, dass Du auch Beiträge Deiner Kontakte kommentierst oder likst, dass Du Fragen beantwortest und aktiv in Gruppen mitschreibst. Auch das Teilen von Inhalten, die nicht von Dir sind, aber gut zu Deinem Thema passen und für Deine Kontakte Mehrwert bringen können, ist gern gesehen.

Wenn Du auf 5 verschiedenen Plattformen aktiv bist, wirst Du vermutlich kaum die Zeit finden, auch nur ein einziges Netzwerk so intensiv zu pflegen, wie es das verdient hätte. Daher gilt in den sozialen Medien: Qualität geht vor Quantität.

Entscheide Dich also lieber für ein, maximal 2 Netzwerke, die Du mit Herzblut pflegst, als für 5 Plattformen, die Du nur halbherzig betreuen kannst.

Viele meiner Zielkunden sind auf Facebook (Twitter, XING ...) – ich werde damit aber nicht richtig warm. Muss ich da präsent sein?

Egal für welches Netzwerk Du Dich entscheidest: Ganz wichtig ist, dass Du Dich dort wirklich wohlfühlst. Dass es Dir Spaß macht, dort Beiträge zu veröffentlichen und mit Deinen Lesern in den Dialog zu gehen. Wenn Du Dich unwohl fühlst, wenn Du eigentlich schon gar keine Lust hast, Dich morgens einzuloggen, dann lass es. Du musst Dich mit der Plattform auf jeden Fall wohlfühlen. Selbst dann, wenn Du sicher bist, dass sich auf diesem Netzwerk all Deine Zielkunden tummeln. Aber wenn Du nicht mit dem Herzen dabei bist, dann werden Deine Fans, Follower und Kontakte das spüren – und das ist im besten Fall kontraproduktiv. Such Dir in diesem Fall lieber ein anderes Medium, um Dich zu präsentieren.

Lass uns doch mal die wichtigsten Social-Media-Plattformen durchgehen. Wie funktionieren die im Einzelnen?

In XING baust Du „Kontakte" auf. Hier erfolgt der Austausch über Gruppen, die Du abonnieren kannst. Eine weitere wichtige Funktion in XING ist die Möglichkeit, Events zu erstellen, zu denen Du Deine Kontakte dann einladen kannst.

Um XING sinnvoll nutzen zu können, ist es meines Erachtens wichtig, die richtigen Gruppen zu finden und diese dann auch regelmäßig zu besuchen. Nur dann ist ein echter Austausch auf XING sinnvoll möglich.

Es gibt XING in einer sehr abgespeckten Basisversion und in der kostenpflichtigen Premiumversion. Nur in der Premiumversion macht XING für echtes Networking tatsächlich Sinn, da wichtige Funktionen, wie zum Beispiel der Zugriff auf die Namen von Profilbesuchern oder die Möglichkeit, auch an Nichtkontakte Nachrichten zu versenden, in der kostenlosen Version nicht gegeben sind.

Meiner Meinung nach ist XING in den letzten Jahren sehr werbelastig geworden und die Eventeinladungen haben ein wenig überhandgenommen. Aber wenn Deine Zielgruppe Führungskräfte und Manager sind, dann solltest Du auf jeden Fall einen Blick auf XING werfen.

Auf TWITTER hast Du „Follower". Twitter ist ein sehr schnelllebiges Medium, da alle Beiträge von allen Personen, denen Du folgst, chronologisch auf Deiner Startseite angezeigt werden. Das bedeutet, dass ein Tweet in der Regel spätestens nach einer Stunde veraltet ist und kaum noch von jemandem gesehen wird. Deswegen ist es auf Twitter auch okay, was in anderen Netzwerken als „No-Go" gilt: einen eigenen Beitrag mehrfach zu teilen.

Da Du auf Twitter nur 280 Zeichen Platz hast, um Deine Inhalte zu transportieren, ist eine echte Diskussion recht schwierig. Trotzdem kann es ein sehr gutes Medium sein, Sichtbarkeit aufzubauen, sich zu positionieren und Kontakte zu knüpfen.

Um den Überblick über die Tweets Deiner Kontakte zu behalten, kannst Du Listen anlegen, in denen Du bestimmte Kontakte zusammenfasst. Auch sehr hilfreich sind die gespeicherten Suchen, zum Beispiel nach einem bestimmten Hashtag.

Ganz unter uns: Twitter ist mein persönliches „Public Viewing" bei Fußballwelt- und -europameisterschaften. Wenn ich mir die Spiele zu Hause allein anschauen muss, weil ich meinen Junior abends nicht allein lassen kann, gibt Twitter mir das Gefühl, das Spiel trotzdem mit ganz vielen anderen gemeinsam zu erleben.

Auf FACEBOOK sammelst Du „Freunde" (auf Deinem privaten Profil) bzw. „Fans" auf Deiner Unternehmerseite. Dazu gibt es auf Facebook Gruppen zu allen denkbaren und auch weniger denkbaren *Themen*, in denen Du Dich mit Gleichgesinnten austauschen kannst. Und wenn es zu Deinem Herzensthema tatsächlich noch keine Gruppe gibt, kannst Du jederzeit eine eigene Gruppe erstellen.

Das kann übrigens manchmal eine ganz eigene Dynamik entwickeln: Als ich die Facebook-Gruppe zum WP Bistro[5] eröffnete, war das nur als kleine, intime Gruppe gedacht,

---

5) *https://www.facebook.com/groups/wp.bistro*

in der meine Kundinnen und Kunden mir Fragen stellen konnten. Dass daraus mal die zweitgrößte deutschsprachige Facebook-Gruppe zum Thema „WordPress" werden würde mit zum Zeitpunkt der Veröffentlichung dieses Buchs fast 6000 Mitgliedern, hatte ich weder angestrebt noch erwartet.

Facebook unterscheidet zwischen dem privaten Profil und der Unternehmensseite. Der wichtigste Unterschied: Mit Deinem privaten Profil kannst Du Freundschaftsanfragen stellen und annehmen und Gruppen beitreten. So ist ein intensiver Austausch mit Deinen Freunden und Freundinnen möglich.

Zu Deiner Unternehmensseite kannst Du nur Freunde einladen, aber niemanden aktiv hinzufügen. Fans, die Deine Seite gelikt haben müssen aber nicht zwangsläufig Deine Beiträge sehen – der Facebook-Algorithmus schränkt die Sichtbarkeit der Beiträge auf Unternehmensseiten zum Teil recht massiv ein, dazu kommt, dass Fans Deine Beiträge auch deabonnieren können – d. h., sie sind zwar Fans Deiner Seite, aber sie wollen die Beiträge nicht aktiv auf ihrer Pinnwand sehen.

Trotzdem ist die Unternehmensseite der wichtigste Ort in Facebook, um Dein Unternehmen zu präsentieren. Hier kannst Du Deine Events bewerben, Blogbeiträge posten und Themen ansprechen, die für Deine Zielgruppe von Interesse sind.

Ganz wichtig: Dein privates Profil darf nicht Deine Unternehmensseite ersetzen. Wenn das private Profil fast ausschließlich für Werbung zum eigenen Unternehmen eingesetzt wird, kann Facebook empfindlich reagieren und im Worst Case aus Deinem privaten Profil kurzerhand eine Unternehmensseite machen – was ein bissel blöd ist, wenn es dann kein privates Profil gibt, das dafür als Admin fungieren kann. Sprich: Du kannst den Zugriff auf Dein Profil verlieren.

Das private Profil kannst Du dazu nutzen, um persönlich, als Mensch, im Vordergrund zu stehen. Dazu aber später noch mehr.

Du musst Dich übrigens nicht entscheiden, ob Du Dein privates Profil als Unternehmer nutzt, um Deine Zielgruppe und Geschäftspartner anzusprechen, oder als Privatmensch, der sich mit seinen Freunden und Familie austauschen möchte. Um zu vermeiden, dass diese beiden Bereiche sich vermischen, hast Du bei Facebook die Möglichkeit, Gruppen anzulegen, zum Beispiel „Freunde und Familie", „Geschäftsfreunde" oder „Kindergartengruppe Altstadt".

Damit kannst Du immer ganz konkret entscheiden, wer was sehen darf.

Neben XING, Twitter und Facebook gibt es natürlich noch eine ganze Menge weiterer Social-Media-Plattformen, allen voran LinkedIn (ähnlich wie XING, nur internationaler ausgerichtet) sowie Pinterest und Instagram (beides bildlastige Netzwerke, aber mit unterschiedlicher Ausrichtung und Zielgruppe).

Auf diese Netzwerke gehe ich an dieser Stelle nicht weiter ein, da mir die persönliche Erfahrung in der Nutzung fehlt und ich daher nur sehr theoretisches Know-how weitergeben könnte. Das bedeutet aber nicht, dass diese Netzwerke weniger wichtig wären als die vorgenannten.

Zusammenfassung:

Social Media ist das, was früher der Dorfklatsch war:
- *Erfahrungsaustausch*
- *Mund-zu-Mund-Propaganda*
- *Empfehlungen*

Es gibt keine „richtige" und „falsche" Plattform.

Bediene lieber ein Netzwerk mit Herzblut als viele Plattformen nur halbherzig.

Das Netzwerk muss zu Dir passen – wenn Du mit Widerwillen rangehst, wird es nicht funktionieren.

Wichtigste Netzwerke:

Xing *– Businessnetzwerk, Austausch im Wesentlichen über Gruppen, Nutzung nur in der kostenpflichtigen Premiumversion sinnvoll möglich*

Twitter *– Wird von Privatpersonen und Unternehmen genutzt. Sehr schnelllebig. Kommunikation auf 280 Zeichen begrenzt.*

Facebook *– Wird sowohl von Privatpersonen als auch Unternehmen genutzt. Unterscheidung zwischen privatem Profil und Unternehmensseite. Im privaten Profil können Freundschaftsanfragen gestellt werden, Unternehmensseiten werden von Interessenten abonniert.*

Weitere interessante Social-Media-Plattformen:

LinkedIn (ähnlich wie XING, nur mit internationaler Ausrichtung)

Pinterest und Instagram (beides bildlastige Netzwerke, aber mit unterschiedlicher Ausrichtung und Zielgruppe)

Jetzt bist Du dran:

Hast Du schon ein oder mehrere Social-Media-Profile?

Falls nein, dann überlege Dir, welches Profil Deinen persönlichen Neigungen und Vorstellungen am ehesten entspricht, und eröffne ein Account.

Ich habe mich für ein Profil auf Facebook entschieden.
Wie fange ich jetzt an?

Fang einfach erst mal an. :)

Sende Freundschaftsanfragen an Leute, mit denen Du auch im „echten Leben" Kontakt hast. Auch wenn es etwas aus der Mode gekommen zu sein scheint: Schreibe mit der Freundschaftsanfrage eine nette Nachricht, damit der oder die andere weiß, wer Du bist und warum Du diese Freundschaftsanfrage stellst. Suche nach Gruppen, die sich mit Deinen Interessengebieten beschäftigen. Und richte Dir eine Unternehmensseite ein, auf der Du Dein Business vorstellen kannst.

Und dann schau Dich erst mal in Ruhe um. Gibt es in den Gruppen interessante Fragen oder Beiträge, zu denen Du etwas beitragen kannst? Dann tu das – Gruppen leben vom mitmachen und Du zeigst Dich so auch nach außen.

Wenn Freunde von Dir etwas posten, was Dir gefällt, dann hinterlasse ein Like oder einen Kommentar.

Das mag für Dich vielleicht banal klingen. Vielleicht hast Du erwartet, dass ich Dir hier eine Marketingstrategie an die Hand gebe, in der ich ausführlich erkläre, wie oft Du an welchen Wochentagen welchen Content posten solltest?

Das ist aber nicht mein Verständnis von Social Media. Auch dann nicht, wenn Du es als Marketingkanal für Dein Business nutzt.

Social Media ist nicht gleichbedeutend mit Selbstbeweihräucherung. Wenn Du in den sozialen Netzwerken immer nur darauf hinweist, wie toll Du bist und was Du für großartige Angebote hast, dann wird das auf Dauer nicht funktionieren. Das hinterlässt bei Deinen Kontakten das schale Gefühl, „benutzt" zu werden.

Denn soziale Netzwerke leben vom Geben und Nehmen. Wenn Du anderen hilfst, ihre Fragen beantwortest oder Dich auch einfach nur mal mitfreust, wenn jemand anderes etwas Schönes berichtet, dann wirst Du als Mensch wahrgenommen, dann entsteht Sympathie und damit auch Vertrauen. Und dann werden andere auch gern Deine eigenen Inhalte liken, teilen und kommentieren – ganz ohne dass Du irgendwelche Tricks zur Steigerung der Interaktion anwenden musst, wie sie gelegentlich empfohlen werden (und bei denen es mich persönlich jedes Mal schüttelt …).

Lass Persönliches von Dir durchblicken. Auch wenn Du Facebook fast überwiegend geschäftlich nutzt, dürfen Deine Hobbys und Interessen durchaus präsent sein. Aber verwechsle persönlich nicht mit privat: Beziehungsprobleme und öffentliche Streitereien sind tabu.

Meine Faustregel für das Posten von Beiträgen in den sozialen Netzwerken: Was Du nicht am Schwarzen Brett im Rathaus sehen möchtest, das gehört auch nicht auf Facebook.

Dazu gehört übrigens auch das Lästern über Mitbewerberinnen oder Kunden. Sich selbst zu profilieren, indem die Fehler anderer öffentlich bloßgestellt werden, ist kein Marketing, es ist einfach respektlos. Und es könnte sehr unangenehm sein, wenn ein Kunde bzw. eine Kundin einen solchen Beitrag findet oder zugeleitet bekommt.

Teile auch Inhalte, die andere zu Deinem Thema geschrieben haben, nicht nur Deine eigenen. Das gilt nicht nur für Dein privates Profil, sondern auch für die Unternehmensseite. Wie gesagt: Social Media lebt vom Geben und Nehmen. Und Deine Unternehmensseite wird durch eine gesunde Mischung von Inhalten viel interessanter.

Poste eigene Werbung nur sehr dosiert. Sie sollte auf gar keinen Fall die Mehrheit der Beiträge ausmachen. Bei Social Media geht es nicht darum, mit Nachdruck Deine Produkte an den Mann bzw. die Frau zu bringen, sondern darum, echte Kontakte zu gewinnen und Vertrauen aufzubauen. Du darfst natürlich gern durchblicken lassen, womit Du Deine Brötchen verdienst, aber das sollte nicht im Vordergrund stehen.

Wenn Menschen, mit denen Du vernetzt bist, Dich sympathisch finden und als kompetent erleben, werden sie Dich gern ansprechen, wenn sie Deine Leistung benötigen – auch ohne, dass Du permanent darauf hinweist, dass sie Dich auch buchen können.

Genau darauf beruht das Prinzip, um das es mir in diesem Buch geht: Du gewinnst Kunden nicht durch „Marketing", sondern durch Persönlichkeit. Indem Du mit Deinem Internetauftritt als Expertin und auch als Persönlichkeit sichtbar wirst, indem Du den Menschen eine Chance gibst, Dich kennenzulernen, wirst du zum Magneten. Und Menschen, die Dich kennen und sympathisch finden, werden gern auf Dich zurückkommen, wenn sie Deine Leistungen brauchen.

Das ist ja alles gut und schön, aber wie hilft mir das, bezahlte Aufträge zu gewinnen, wenn ich keine Werbung mache?

Als Einzelunternehmerin verkaufst Du Dich in deiner Gesamtheit. Die Leute kaufen nicht „die Webdesignerin" oder den „Businesscoach". Denn davon gibt es im gesamten deutschsprachigen Raum unglaublich viele. Also, wonach entscheiden Menschen, mit wem sie zusammenarbeiten?

In der Regel entscheiden Empfehlungen und dann natürlich Sympathie und Antipathie darüber, welcher Webdesignerin oder welchem Coach ein Interessent am Ende einen Auftrag erteilt.

Früher war es üblich, den Nachbarn oder die Friseurin nach der besten Ärztin, dem besten Bäcker oder Kfz-Mechaniker im Dorf zu fragen. Das Dorf ist heute viel größer und Mund-zu-Mund-Propaganda läuft heute weitgehend über Social Media, aber das Prinzip ist noch immer das gleiche: Eine Empfehlung ist tausendmal wertvoller als jede Printanzeige. Und eine Empfehlung über Facebook erreicht ungleich mehr Menschen als die zufriedene Kundin, die ihrer Nachbarin von dem tollen Service in der neuen Kfz-Werkstatt vorschwärmt.

Dazu kommt: Interessenten, die Dir auf einem sozialen Netzwerk folgen, lernen Dich mit der Zeit sehr gut kennen. Und wenn dann einmal Bedarf an Deinen Leistungen besteht, dann fällt es sehr viel leichter, eine gute Bekannte zu kontaktieren als eine Fremde, von der man eigentlich nichts weiß.

Mich erreichen sehr häufig E-Mails mit Anfragen, die mit „Wir kennen uns aus Deiner Facebook-Gruppe" oder „Ich verfolge schon ganz lange über Facebook, was Du so machst" beginnen. Das ist für mich der schönste Beweis, dass ich nicht massiv Werbung schalten und posten muss, um Menschen für mich zu gewinnen, die gern für meine Leistungen zahlen.

Was verstehst Du unter „authentisch"?

Sei einfach Du selbst. Stehe dazu, wer Du bist und wie Du denkst.

Poste nur, wozu Du auch wirklich stehst und wenn Du etwas zu sagen hast. Vermeide Posts, die nur auf Likes und Kommentare aus sind, wenn es keine echte Aussage gibt.

Ein Beispiel:

Es ist absolut okay, hin und wieder ein Zitat oder ein Spruchbild zu posten, weil es gerade passt und Deine Stimmungslage wiedergibt. Aber wenn Du das tust, dann schreibe auch etwas dazu – warum Dir dieses Zitat oder dieses Bild gerade so nahegeht.

Du solltest es aber vermeiden, jeden Tag ein Zitat zu posten, nur damit Du überhaupt etwas gepostet hast.

Authentisch sein bedeutet auch, dass Du gern kontrovers sein darfst.

Manche Ratgeber empfehlen, Politik und Religion aus dem Businesskontext herauszulassen. Ich stimme dem grundsätzlich zu, allerdings mit Ausnahmen: Wenn Dir eine bestimmte Überzeugung wirklich wichtig ist, dann darfst Du auch dazu stehen. Du wirst zum Beispiel von mir Posts auf Facebook finden, in denen ich mich für Flüchtlinge, für die Gleichstellung von Homosexualität und gegen bestimmte Parteien äußere. Diese Überzeugungen sind mir so wichtig, dass ich mit Menschen, die mit diesen Überzeugungen ein Problem haben, gar nicht zusammenarbeiten möchte. Deswegen nehme ich in Kauf, dass jemand mich wegen dieser Überzeugungen als Dienstleister nicht in Betracht zieht. Das ist mein persönlicher Zielkundenfilter.

Denke daran: Authentizität zieht immer genau die Menschen an, mit denen Du auch wirklich zusammenarbeiten möchtest.

Gibt es Dinge, die ich auf gar keinen Fall tun sollte?

Ja, es gibt durchaus Dinge, die Du unbedingt vermeiden solltest:

1. Füge niemals jemand ungefragt in eine Gruppe hinzu.

Wenn Du der Meinung bist, dass eine Gruppe für eine bestimmte Person in Deinem Netzwerk interessant ist, dann kannst Du gern eine Nachricht an diese Person schreiben und die Gruppe empfehlen. Ob Dein Kontakt der Gruppe dann beitritt oder nicht, sollte er oder sie aber auf jeden Fall selbst entscheiden dürfen.

Klar besteht die Möglichkeit, aus Gruppen wieder auszutreten, wenn sie einem nicht gefallen. Das tun zu müssen, weil man ungefragt in einer Gruppe gelandet ist, ist aber ausgesprochen nervig und Du wirst Dir damit keine Freunde machen.

2. Sende Einladungen zu Gruppen, Events oder Unternehmensseiten nicht einfach ungefiltert an all Deine Kontakte.

Ich weiß nicht, wie oft ich schon Eventeinladungen zu Events in Hamburg oder München erhalten habe. Natürlich können die interessant sein und es besteht die Möglichkeit, dass ich mir auch überlege, dorthin zu fahren. Aber die Wahrscheinlichkeit, dass ich für eine zweistündige Abendveranstaltung 5 Stunden Fahrt einfache Strecke auf mich nehme, ist doch eher gering.

Dasselbe gilt, wenn eine Gruppe nur für eine bestimmte Zielgruppe interessant ist. Es gibt nichts Peinlicheres als Einladungen an Männer zu einer Facebook-Gruppe „Entdecke Deine Weiblichkeit" … das kommt leider viel öfter vor, als Du vielleicht denkst.

Auch wenn es ein bisschen mehr Arbeit ist, überlege vor Einladungen immer gut, für wen Deine Gruppe, Dein Event oder Deine Unternehmensseite wirklich interessant sein kann, und lade auch wirklich nur diejenigen Deiner Kontakte ein, für die Dein Angebot wirklich passt.

Magnetprinzip

3. Poste niemals Eigenwerbung in der Chronik anderer Personen, Seiten oder in fremden Gruppen.

Das ist schlichtweg unhöflich und eine der schnellsten Möglichkeiten, Dich unbeliebt zu machen. Du gehst ja auch im echten Leben nicht auf eine Geburtstagsfeier und baust dort einen Messestand auf.

4. Versende keine Spieleeinladungen

Spieleeinladungen sind unprofessionell – und lästig. Wenn Du soziale Medien professionell und im Businesskontext nutzen willst, passen Spieleeinladungen einfach nicht dazu. Natürlich darfst Du Einladungen an enge Freunde oder Deine Familie senden, aber lass Deine geschäftlichen Kontakte lieber außen vor.

5. Teile keine Kettenposts

Diese Posts, die alle irgendwie denselben Tenor haben: „Wenn Du ein guter Mensch bist, klickst, teilst, kommentierst Du das hier ..." sind aus meiner Sicht eine echte Unsitte. Ich habe noch nie verstanden, was jemanden dazu bringt, mit der moralischen Keule zu schwingen, um andere zu einer Interaktion zu zwingen.

Hilf mit, diese Kettenposts auszurotten, und mach einfach nicht mit.

Jetzt haben wir viel darüber gesprochen, was ich in Social Media tun und lassen sollte. Aber wie mache ich das jetzt konkret mit meinen Blogbeiträgen in Social Media?

Im Prinzip ist das ganz einfach: Teile den Link zu Deinen Blogbeiträgen in Deinen sozialen Netzwerken. Idealerweise schreibst Du beim Teilen direkt dazu, warum Du genau diesen Blogbeitrag gerade jetzt geschrieben hast. Was Deine Motivation war, Dich mit diesem Thema zu befassen.

Wenn Du XING nutzt, kannst Du bei XING einfach Deinen Blogfeed unter „weitere Profile im Netz" hinterlegen. Dann werden alle Blogbeiträge ganz automatisch bei XING veröffentlicht.

Für Twitter gelten ganz eigene Spielregeln: Da die Timeline auf Twitter sehr, sehr schnelllebig ist, kannst Du einen Blogbeitrag dort ruhig auch mehrfach an einem Tag posten um sicherzustellen, dass Du eine möglichst große Anzahl Deiner Follower erreichst. Ich persönlich tue mich damit ehrlich gesagt schwer, weil es sich für mich nach „Spam" anfühlt, wenn ich dreimal am Tag dasselbe poste, aber deswegen ist Twitter wohl auch nicht mein Lieblingsnetzwerk.

Wenn Du Facebook nutzt, solltest Du die Beiträge auf jeden Fall auf Deiner Unternehmensseite teilen. Zum einen ist das Dein offizieller Kommunikationskanal als Unternehmerin, zum anderen sieht Facebook es überhaupt nicht gern, wenn private Profile als Unternehmensprofile genutzt werden. Das bedeutet aber natürlich nicht, dass Du Deine Beiträge nicht auch auf Deinem privaten Profil teilen darfst. Ich habe bereits erklärt, wie wichtig es als Einzelunternehmer ist, sich auch als Privatperson zu präsentieren, und deshalb ist es nur konsequent, wenn Du auch viele Interessenten hast, die Deinem privaten Profil folgen. Und die sollen natürlich auch mitbekommen, was auf Deinem Blog passiert.

Ich halte es für mich so, dass ich die Beiträge zunächst auf der Seite poste und dann von dort mit meinem privaten Profil teile.

Achte aber darauf, dass Du nicht nur Deine eigenen Beiträge teilst. Wie schon erwähnt, lebt Social Media vom Geben und

Nehmen – es macht sowohl Deine Unternehmensseite als auch Dein privates Profil viel authentischer und attraktiver, wenn Du auch immer wieder mal interessante Beiträge von anderen teilst.

Immer wieder taucht in diesem Zusammenhang auch die Frage auf, ob es okay ist, Blogbeiträge automatisiert in soziale Netzwerke zu teilen. Häufig ist hier als Argument dagegen zu hören, dass automatisierte Posts unpersönlich sind.

Ich habe dazu eine etwas andere Haltung: Nicht die Frage, ob ich etwas automatisiert poste oder nicht, entscheidet darüber, ob ein Post unpersönlich erscheint. Es kommt vielmehr darauf an, was mit dem Post nach dem Veröffentlichen passiert.

Wenn Du zeitnah auf Kommentare zu dem Beitrag antwortest und in den Dialog gehst, ist es eher unerheblich, wie der Beitrag in das Netzwerk gekommen ist – manuell oder automatisiert.

Wenn Du allerdings einen Beitrag postest und Dich dann nicht mehr darum kümmerst, was damit passiert, dann werden Deine Follower, Freunde oder Fans recht bald die Lust verlieren, mit den Beiträgen zu interagieren – ebenfalls völlig unabhängig davon, ob Du den Link zum Beitrag automatisiert oder manuell gepostet hast.

Ich selbst habe mal eine Weile meine Blogbeiträge automatisiert auf Facebook und Twitter veröffentlicht und die Resonanz auf diese Beiträge war immer durchweg gut. Ich glaube, die wenigsten haben überhaupt bemerkt, dass diese Postings automatisiert erfolgten. Der einzige Grund, warum ich meine Beiträge heute wieder manuell verlinke, ist der, dass der Anbieter, über den ich die Automatisierung vorgenommen habe, seine Dienste eingestellt hat und ich bisher nicht genügend Leidensdruck hatte, nach einer Alternative zu suchen.

Übrigens kannst Du Deine Blogbeiträge auch dann verlinken, wenn jemand eine Frage stellt, die durch Deinen
Beitrag beantwortet wird. Selbst in Gruppen, in denen das
Verlinken eigener Blogposts nicht so gern gesehen wird, ist
das Verlinken von Blogartikeln als Antwort auf eine Frage
in der Regel immer erlaubt. So schlägst Du gleich mehrere Fliegen mit einer Klappe: Reichweite über die sozialen
Netzwerke generieren und Du kannst Dich als Expertin
positionieren.

In dem Zusammenhang muss ich es aber unbedingt
noch einmal erwähnen, auch wenn es selbstverständlich sein sollte und ich es unter den No-Gos weiter oben
schon mal aufgeführt habe: Bitte poste niemals Deine
Beiträge ungefragt als Posting in fremden Gruppen. Das
ist einfach unhöflich und wird meist überhaupt nicht
gern gesehen.

Wenn Du denkst, dass Dein Beitrag für die Gruppe einen
Mehrwert bietet, dann frage vorher bei den Administrato-
ren an, ob Du den Beitrag veröffentlichen darfst – und ak-
zeptiere dann auch ein Nein.

Und was genau ist der Vorteil, wenn ich Blogbeiträge auf Social-Media-Plattformen teile?

Da gibt es gleich mehrere:

Signale aus Social Media (also Likes, Retweets, Kommentare, +1 etc.) werden von Google positiv bewertet, darüber haben wir bei der Suchmaschinenoptimierung schon gesprochen. Zwar gibt es dazu keine offizielle Stellungnahme von
Google, aber Studien[6] , die das untersuchten, legen nahe,
dass Seiten, die viele positive Social-Media-Signale vorwei-

---

6) *https://moz.com/search-ranking-factors*

sen können, in der Regel besser ranken als Seiten ohne Social-Media-Signale.

Beiträge in sozialen Netzwerken können viel mehr Menschen erreichen als der Blog allein. Jede Person, die einen Beitrag in sozialen Netzwerken an ihren Freundeskreis teilt oder retweetet, vergrößert Deine Reichweite um ein Vielfaches.

Und als letzter Punkt: Nicht jeder Freund, Fan oder Follower aus Deinen sozialen Netzwerken wird regelmäßig Deinen Blog besuchen. Über das Teilen der Beiträge in Deinen sozialen Netzwerken erreichst Du daher auf jeden Fall eine höhere Sichtbarkeit.

Zusammenfassung:

Soziale Netzwerke leben vom Geben und Nehmen. Poste daher nicht nur einseitig, sondern like, kommentiere und teile auch die Postings von anderen.

Persönlichkeit ist wichtig in Social Media. Aber verwechsle Persönliches nicht mit Privatem: Alles, was Du nicht am Schwarzen Brett im Rathaus sehen möchtest, gehört nicht in die sozialen Netzwerke.

Poste eigene Werbung nur sehr dosiert. Social Media lebt davon, echte Kontakte zu gewinnen und Vertrauen aufzubauen, nicht von Werbung.

Interessenten, die Dir in sozialen Netzwerken folgen, lernen Dich mit der Zeit sehr gut kennen. Und Menschen, die Dich kennen und sympathisch finden, werden gern auf Dich zurückkommen, wenn sie Deine Leistungen brauchen.

Authentizität bedeutet: Sei einfach Du selbst. Stehe dazu, wer Du bist und wie Du denkst. Poste nur, wozu Du stehst und wenn Du etwas zu sagen hast.

Authentizität bedeutet auch, dass Du kontrovers sein darfst. Wenn Dir Themen sehr wichtig sind, dann rede und schreibe darüber. Menschen, die sich daran stören, dass Dir diese Themen wichtig sind, würden vermutlich auch als Kunden nicht zu Dir passen.

Poste Deine Blogbeiträge in Social Media, um eine höhere Reichweite zu erzielen.

Wichtig ist, dass Du nach dem Posten weiter mit Deinen Lesern und Leserinnen interagierst: Beantworte Kommentare, gehe in den Dialog. Wenn Du Dich nach dem Veröffentlichen nicht mehr um einen Beitrag kümmerst, werden Follower, Freunde oder Fans schnell die Lust verlieren, mit Deinen Beiträgen zu interagieren.

No-Gos in Social Media:

- *Füge niemals jemanden ungefragt in eine Gruppe hinzu.*
- *Sende Einladungen zu Gruppen, Events oder Unternehmensseiten nicht einfach ungefiltert an all Deine Kontakte.*
- *Poste niemals Eigenwerbung in der Chronik anderer Personen, Seiten oder in fremden Gruppen.*
- *Versende keine Spieleeinladungen.*
- *Teile keine Kettenposts.*

Christine hat nun wieder eine ganze Menge zu durchdenken. Sie wird in den nächsten Wochen ihre Social-Media-Profile einrichten und damit beginnen, sich dort zu zeigen.

Noch sind wir aber noch nicht ganz durch – es gibt noch eine weitere Möglichkeit, sichtbar zu werden und mit der eigenen Zielgruppe in Kontakt zu bleiben: den Newsletter.

Um über die Vorteile eines Newsletters zu sprechen, treffen wir uns nach 4 Wochen noch einmal in meinem Büro.

Teil 4: Newsletter

Wofür brauche ich denn noch einen Newsletter, wenn ich einen Blog habe und auf Social Media aktiv bin?

Dein Newsletter ist ein weiteres Medium, um Menschen zu erreichen und mit ihnen zu kommunizieren. Nicht jeder Kontakt, mit dem Du vernetzt bist, schaut sich immer aktiv auf all Deinen Kanälen um. Und nicht jeder ist in sozialen Medien vernetzt.

Dein Newsletter ist daher ein weiterer Kanal, um mit Deinen Interessenten in Kontakt zu bleiben. Und – was nicht zu unterschätzen ist – um Dich auch regelmäßig aktiv wieder in Erinnerung zu bringen.

Aber nerven Newsletter nicht fürchterlich?

Nur dann, wenn sie ungefragt zugestellt werden.

In der Regel tragen sich die Leute freiwillig in Deinen Newsletterverteiler ein. Sonst dürftest Du ihnen gar keine Mail senden – ohne das sogenannte Double-Opt-in ist das in Deutschland nicht zulässig.

Und wer sich in Deinen Verteiler einträgt, der erwartet auch, einen Newsletter zu erhalten. Warum also sollte Dein Newsletter nerven?

Wichtig sind dabei 2 Dinge:

Deine Abonnenten müssen beim Eintragen Ihrer E-Mail-Adresse wissen, dass sie Deinen Newsletter abonnieren. Ein eBook zum Download im Tausch gegen die E-Mail-Adresse anzubieten und dann die Mail-Adresse für den Versand Deines Newsletters zu verwenden, ohne dass Du Deine Leser explizit darauf hinweist, war schon immer problematisch. Mit Inkrafttreten der DSGVO am 25. Mai 2018 ist es schlicht nicht mehr erlaubt.

Und natürlich sollte Dein Newsletter keine Dauerwerbesendung sein, mit der Du Deine Leser in hoher Frequenz und fast ausschließlich mit Werbung für Deine eigenen Produkte bombardierst. Wer Deinen Newsletter abonniert, erwartet zu Recht hochwertige, informative Inhalte – idealerweise nicht zu oft.

Wie oft sollte ich den Newsletter denn versenden?

Wie so oft gibt es hier keine feste Regel. Ein „Richtig" oder „Falsch" gibt es zu dieser Frage nicht.

Ich habe sehr oft den Ratschlag gelesen, dass ein Newsletter mindestens wöchentlich verschickt werden sollte, um nicht in Vergessenheit zu geraten. Ich sehe das anders: Wenn ich in Vergessenheit gerate, weil ich einmal eine Woche nichts von mir hören lassen, dann habe ich vermutlich irgendetwas falsch gemacht. Dann waren meine Inhalte einfach nicht interessant genug.

Davon abgesehen haben wir heute alle so gut gefüllte E-Mail-Postfächer, dass es gar nicht so leicht ist, alles zeitnah zu lesen, was da so in der Inbox landet. Bei mir ist es dann oft so, dass ich einen Newsletter frustriert abbestelle, wenn er so häufig versendet wird, dass ich es nicht schaffe, den letzten Newsletter zu lesen, bevor der neue kommt.

Ich halte eine Frequenz von 4 bis 6 Wochen für ein gutes Zeitfenster. Das ist häufig genug, um im Gedächtnis zu bleiben, aber selten genug, um den Lesern und Leserinnen auch eine Chance zu geben, Deine Newsletter auch wirklich zu lesen. Abhängig von Deiner Zielgruppe kann aber auch ein Abstand von 2 Wochen oder 3 Monaten passend sein.

Was auch ganz wichtig ist: Der Rhythmus muss zu Dir passen. Wenn Du es nicht schaffst, alle 4 Wochen einen werthaltigen Newsletter zu verfassen, dann solltest Du eher 8 Wochen ins Auge fassen, um Dir die notwendige Ruhe und Zeit zu geben. Lieber solltest Du Deine Leser und Leserinnen ein paar Wochen länger auf Deinen Newsletter warten lassen, als sie mit oberflächlichen Texten zu langweilen, nur weil Du jetzt unbedingt etwas verschicken musst.

Und was, wenn ich es nicht schaffe, alle 4 Wochen einen Newsletter zu versenden?

Ganz ehrlich: Bei wie vielen Newslettern, die Du abonniert hast, fällt es Dir auf, wenn der einmal nicht im gewohnten Rhythmus kommt? Hast Du für irgendeinen Newsletter im Kalender notiert: „Heute Newsletter von xyz"?

Vermutlich fällt es kaum jemandem auf, wenn Dein Newsletter einmal ausfällt oder 2 Wochen später als gewöhnlich kommt. Mach Dir also deswegen keinen Stress.

Allerdings ist es gut, wenn Du zumindest alle paar Monate einen Newsletter verschickst.

Kennst Du das Sprichwort mit dem Schuster und den Schuhen? (Für alle die, die es nicht kennen: „Der Schuster hat die schlechtesten Schuhe" – sprich, was man selbst für andere tut, setzt man für sich selbst am schlechtesten um.)

Ich kann davon ein Lied singen: Obwohl ich sehr gut weiß, wie wichtig es ist, einen Newsletter regelmäßig zu versenden, hatte ich in den letzten beiden Jahren teilweise sehr große Lücken zwischen den einzelnen Newslettern. In dem Fall kann es tatsächlich passieren, dass gerade Neuabonnenten sich nicht mehr erinnern können, dass sie den Newsletter abonniert haben oder warum. Die Austragungsquote ist erfahrungsgemäß umso höher, je länger der letzte Newsletter zurückliegt.

Worüber soll ich im Newsletter schreiben? Muss das auch einzigartiger Inhalt sein?

Das, was Du im Newsletter schreibst muss nicht zwingend einzigartig sein. Bedenke: Nicht alle Deine Newsletterabonnenten verfolgen Deinen Blog oder Deine Social-Media-Aktivitäten. Daher ist es absolut legitim, Inhalte, die Du auf Deinem Blog und/oder in Deinen Social-Media-Kanälen geteilt hast, auch im Newsletter zu veröffentlichen.

Eine gute Idee ist es zum Beispiel, den Newsletter als „Blogschau" zu verfassen. Wenn Du regelmäßig bloggst, hast Du so zum Beispiel alle 4 Wochen genug Futter für einen Newsletter, indem Du die Blogbeiträge des letzten Monats im Newsletter anteaserst und dann auf Deinen Blog verlinkst.

Natürlich geht das auch umgekehrt: Wenn Dein Newsletter ein spezifisches Thema aufgreift, kannst Du das auch zeitgleich oder nachträglich im Blog veröffentlichen – und den Blogbeitrag dann natürlich auch in Deinen Social-Media-Kanälen teilen. Auf diese Weise erreichst Du die größtmögliche Leserschaft: Deine Follower auf Social Media, Deine Blogabonnenten und Deine Newsletterleser.

Und wo liegt dann der Vorteil für den Leser, den Newsletter zu abonnieren, statt einfach im Blog zu lesen?

Der Newsletter informiert Deine Leser aktiv – das heißt, sie müssen nicht daran denken, regelmäßig selbst auf Deinem

Blog vorbeizuschauen, sondern bekommen die Informationen exklusiv in ihren Posteingang geliefert.

Für mich ist das häufig die Motivation, einen Newsletter überhaupt zu abonnieren: Wenn mir ein Blog sehr gut gefällt, dann will ich diesen Blog nicht vergessen. Lesezeichen im Browser, Einträge in Pocket oder Evernote neigen dazu, irgendwann in Vergessenheit zu geraten. Habe ich aber den Newsletter abonniert, kann ich sicher sein, dass sich der Autor bzw. die Autorin des Blogs hin und wieder durch den Newsletter bei mir in Erinnerung bringt.

Auch hier siehst Du wieder, wie wichtig ein Blog sein kann: Die Hürde, einen Newsletter zu abonnieren auf einer Website, die keinen integrierten Blog hat, ist oft viel höher, weil nicht klar ist, mit welchen Informationen ich über den Newsletter versorgt werde. Da muss es dann schon ein besonders spannendes Freebie oder ein Thema sein, das mich wirklich brennend interessiert, damit ich ein Interesse am Newsletter habe.

Darüber hinaus kann Dein Newsletter auch wertvolle Zusatzinhalte liefern, zum Beispiel Verweise auf interessante Blogbeiträge zum Thema in anderen Blogs oder spezielle, exklusive Tipps, die Du nur im Newsletter veröffentlichst, oder Angebote und Rabattaktionen nur für die Empfänger Deines Newsletters.

Gehe mit Letzterem aber dosiert um. Werbung sollte niemals Deinen Newsletter dominieren, sondern nur ein Zusatzangebot sein. Ich weiß nicht, wie es Dir geht, aber das Werbeprospekt von Rewe wandert bei mir immer direkt vom Briefkasten in die Altpapiertonne. Den Stadtanzeiger dagegen lese ich recht gern, denn dieser liefert mir neben der Werbung auch interessante Informationen zu dem, was hier in der Stadt so passiert. So sollte es auch mit Deinem Newsletter sein.

Kann ich den Newsletter direkt an alle E-Mail-Adressen in meinem Adressbuch verschicken?

Das solltest Du auf gar keinen Fall tun. Es sei denn, Du hast ein ordentliches Rücklagenpolster für potenzielle Abmahnungen.

In Deutschland darfst Du werbliche Mails (und dazu zählt auch ein Newsletter mit noch so guten und werthaltigen Artikeln) nur an Menschen schicken, die ein ausdrückliches Interesse an Deinen Informationen erklärt haben.

Das sind zum einen Deine Bestandskunden. Denen darfst Du Informationen zu den Produkten senden, die sie bei Dir bereits gekauft haben. Das ist aber ein bisschen knifflig, wie folgendes Beispiel zeigt:

Ein Automobilhändler, der sowohl PKW als auch Nutzfahrzeuge verkauft, darf den Käufern eines PKW zwar Informationen und Newsletter zu Angeboten rund um PKW zusenden, aber keine Informationen zu Nutzfahrzeugen.

Weil diese Grenze (für welche Produkte darf ich wen per Newsletter informieren) gar nicht immer so leicht zu ziehen ist, verzichte ich darauf, Bestandskunden und -kundinnen automatisch in meinen Newsletterverteiler aufzunehmen. Maximal weise ich darauf hin, dass ich einen Newsletter habe, in den sie sich gern eintragen dürfen.

Am sichersten ist es, wenn Du Deinen Newsletter tatsächlich nur an E-Mail-Adressen versendest, die sich ganz explizit über ein sogenanntes Double-Opt-in in Deinen Verteiler eingetragen haben.

Double-Opt-in bedeutet, dass jemand sich mit einer E-Mail-Adresse in ein Anmeldeformular auf Deiner Website einträgt. Weil das aber theoretisch jeder für jeden machen kann, muss durch Klick auf einen Link in einer E-Mail, die direkt nach der Anmeldung verschickt wird, bestätigt werden, dass auch wirklich Interesse an dem Newsletter besteht. Erst nach Klick auf diesen Bestätigungslink ist die E-Mail-Adresse in Deinem Newsletterverteiler aktiv und darf dann von Dir Newsletter erhalten.

Das heißt, ich darf auch keine Adressen kaufen? Ich habe da gerade so ein tolles Angebot bekommen ...

Nein, das solltest Du definitiv nicht tun. Auch wenn es im ersten Moment sehr verlockend klingt, tausende Adressen auf einmal zu erhalten: Der Versand von Newslettern an E-Mail-Adressen, die dem nicht per Double-Opt-in zugestimmt haben, kann abgemahnt werden. Gekaufte E-Mail-Adressen sind fürs E-Mail-Marketing ein absolutes No-Go!

Solltest Du trotzdem darüber nachdenken, nach dem Motto: „Wo kein Kläger, da kein Richter", bedenke bitte Folgendes: Die Wahrscheinlichkeit, dass die Empfänger dieser E-Mail-Adressen in diesem Paket wirklich Interesse an Deinem Produkt haben, ist verschwindend gering. Du weißt nicht, wie diese Adressen gesammelt wurden, möglicherweise wurden diese auch einfach illegal aus allen möglichen Quellen im Netz zusammengetragen. Im besten Fall führt das „nur" zu einer extrem hohen Austragungsquote aus Deinem Newsletter. Im schlimmsten Fall ruinierst Du Dir Deine Reputation und Deine E-Mail-Adresse wird als Spamschleuder bei den großen E-Mail-Diensten blockiert. Letzteres passiert, wenn viele Empfänger in ihrem Mailprogramm angeben, dass Deine Mail Spam ist.

Und wie komme ich dann an Adressen?

Wie bereits oben geschrieben: Die einzig seriöse Art, an E-Mail-Adressen zu kommen, ist über ein Anmeldeformular mit Double-Opt-in auf Deiner Website – idealerweise in Kombination mit einem hochwertigen „Willkommensgeschenk" (Freebie) für neue Leser. Das kann zum Beispiel ein informatives Video sein, das ganz exklusiv nur für Deine Newsletterabonnenten angeboten wird, eine Checkliste zu einem Kernproblem Deines Zielkunden, ein kleines eBook oder ein kostenloser E-Mail-Kurs.

Ganz wichtig: Das „Freebie" muss absolut hochwertig sein und dem Interessenten wirklich Mehrwert liefern. Auch, wenn es vordergründig kostenlos ist, bezahlt der Newsletterleser mit seiner E-Mail-Adresse – da sollte der Gegenwert stimmen.

Wenn Du Dich für eine E-Mail-Serie als Freebie entscheidest, hat das einen entscheidenden Vorteil: Du bleibst mit deinem neuen Leser / deiner neuen Leserin über einen längeren Zeitraum in Kontakt, selbst wenn Du mehrere Wochen lang keinen Newsletter versendest. Damit bindest Du Deine Leser an Dich und die Wahrscheinlichkeit, dass Du bis zum nächsten Newsletter in Vergessenheit gerätst, reduziert sich.

Ich empfehle Dir, die Newsletterserie nicht täglich zu versenden. Wie weiter oben schon einmal beschrieben, haben dann vielbeschäftigte Abonnenten kaum eine Chance, alles zu erfassen. Ich habe mit meiner eigenen E-Mail-Serie sehr gute Erfahrungen gemacht, die Mails im 5 – 6 Tage-Abstand zu versenden.

Ganz wichtig: Im Rahmen der am 25. Mai 2018 in Kraft getretenen DSGVO wird das sogenannte „Kopplungsverbot" relevant. Das bedeutet, dass es nicht mehr erlaubt ist, ein Freebie zu bewerben und dafür den Eintrag in eine Newsletterliste zu verlangen.

Im Klartext:

„Lade Dir jetzt mein neues eBook zum Thema xyz herunter. Alles, was Du dafür tun musst, ist, hier Deine E-Mail-Adresse einzutragen. Dann sende ich Dir das eBook sofort zu"

Das ist so im Rahmen der DSGVO nicht mehr erlaubt.

Nach der jetzigen Auslegung wäre es wohl okay, wenn Du schreibst:

„Abonniere jetzt meinen Newsletter zum Thema xyz. Der Newsletter enthält wertvolle Informationen und konkrete Tipps zum Thema abc und erscheint einmal monatlich. Als Dankeschön für Dein Interesse sende ich Dir nach der Anmeldung mein eBook zum Thema zyx."

Ganz auf der sicheren Seite bist Du, wenn Du das eBook auf der Seite auch zum Kauf anbietest (der Käufer kann dann entscheiden, ob er das eBook kauft, dafür aber nicht in Deinem Newsletter landet, oder ob er mit seiner E-Mail-Adresse „bezahlt") oder aber mit einer E-Mail-Serie, da Du für die Zustellung der E-Mail-Serie auf jeden Fall die E-Mail-Adresse benötigst, was für den Download eines eBooks oder einer Checkliste nicht der Fall ist.

Disclaimer: Da ich keine Rechtsberatung geben kann und will, frage auf jeden Fall einen Juristen Deines Vertrauens, ob Deine Vorgehensweise wirklich rechtssicher ist.

Wo kriege ich denn so ein Newsletter-Anmeldeformular her? Kann ich dafür einfach ein Kontaktformular auf meine Website stellen?

Die Erfassung von Mail-Adressen über ein Kontaktformular würde ich Dir nicht empfehlen. Kontaktformulare ermöglichen in der Regel kein Double-Opt-in, das aber in Deutschland zwingend erforderlich ist.

Deswegen empfehle ich, den Newsletter über einen professionelle Newsletteranbieter zu versenden. Diese bieten alle die Möglichkeit, ein Anmeldeformular zu generieren und dann entweder über einen *HTML*-Code oder ein *Plugin* in die Website einzufügen.

Brauche ich wirklich so einen Newsletteranbieter? Ich kann doch meinen Newsletter auch über mein Mailprogramm verschicken.

Das ist aus mehreren Gründen keine gute Idee:

1. Whitelisting

Um den Versand von Spammails zu verhindern, ist die Anzahl der Empfänger einer einzelnen Mail bei vielen E-Mail-Providern eingeschränkt. Das bedeutet, wenn Du eine große Mailliste hast, musst Du Deinen Newsletter in mehreren Schüben versenden, um alle Adressaten zu erreichen.

Diese Einschränkung hast Du bei Verwendung eines Newsletterdienstes nicht. Du musst Deinen Newsletter nur einmal erstellen und in den Versand geben.

Achte bei der Auswahl Deines Newsletterdienstes bzw. der E-Mail-Marketing-Software darauf, dass der Anbieter auf der sogenannten „Whitelist" (Positivliste) der wichtigsten Provider steht. Dadurch ist sichergestellt, dass Dein Newsletter bei diesen Providern nicht automatisch als Spam gefiltert wird und die Empfänger auch tatsächlich erreicht.

Versendest Du Deinen Newsletter selbst über Outlook, hast Du den Vorteil des „Whitelistings" nicht und die Gefahr ist groß, dass ein Großteil der Mails im Spamfilter Deiner Adressaten landet und von diesen niemals gelesen wird.

2. Gestaltung des Newsletters

In Outlook sind Deine Möglichkeiten, den Newsletter an Deine Corporate Identity anzupassen, relativ eingeschränkt. Und selbst wenn Du dir sehr viel Mühe gibst, das Layout der E-Mail anzupassen, weißt Du nicht, ob die Mail tatsächlich bei jedem Deiner Empfänger gleich aussieht.

E-Mail-Marketing-Software wie zum Beispiel CleverReach ermöglicht Dir, ein eigenes *Template* für Deinen Newsletter zu entwerfen oder aber aus bereits vorgefertigten *Templates* auszuwählen. Dadurch erhält der Newsletter einen sehr viel professionelleren Touch.

3. Autoresponder

Du kennst Autoresponder von Outlook. Das sind die Mails, die Du als Antwort auf eine eigene Mail erhältst, oft mit dem Inhalt „Ich bin von Montag bis Mittwoch nicht im Büro. Bitte kontaktieren Sie …" oder so ähnlich.

Mit einer professionellen E-Mail-Marketing-Software kannst Du Autoresponder nutzen, um gezielt mit Deinen Abonnenten in Kontakt zu bleiben. So besteht die Möglichkeit, direkt nach der Anmeldung zum Newsletter bereits erste Informationen zu versenden und dann im Abstand von mehreren Tagen weitere Informationen zum Thema zu liefern (siehe dazu auch meine Hinweise zur E-Mail-Serie weiter vorn in diesem Buch) oder zum Beispiel auch nachzufassen, wie zufrieden Deine Leser mit dem Newsletter sind. Oder Du richtest einen Autoresponder ein, der automatisch an Geburtstagen eine Glückwunschmail sendet.

Gerade wenn Deine Leser und Leserinnen noch nicht mit Dir in einer Geschäftsbeziehung stehen, ist es wichtig, den Kontakt aufrecht zu halten und sich immer wieder in Erinnerung zu bringen. Mit einem Autoresponder ist das ohne großen Aufwand möglich.

4. Gruppenverwaltung/Selektierung

Du kannst mit einer E-Mail-Marketing-Lösung Deine Adressaten in verschiedene Gruppen unterteilen (zum Beispiel Interessenten für Seminar xyz, Teilnehmer am Webinar abc, Kundinnen und Kunden …) und diese durch gezielte Segmentierung noch einmal unterteilen (zum Beispiel Leser, die im letzten Newsletter einen bestimmten Link angeklickt haben, Leser, die den letzten Newsletter nicht geöffnet haben …).

So ist es möglich, Adressaten ganz gezielt anzusprechen, Streuverluste zu vermeiden und damit den Erfolg Deines Newsletters zu steigern.

Selbstverständlich kannst Du auch in Outlook Deine Kontakte kategorisieren, aber der administrative Aufwand dafür ist ungleich höher, und die zielgerichtete Ansprache aufgrund des Leserverhaltens ist über die Outlooklösung nicht möglich.

5. Reporting

Last not least: Wenn Du Deinen Newsletter über Outlook versendest, erfährst Du maximal, wie viele Deiner Leser den Newsletter nicht erhalten haben (Bounce-Meldungen). Aber genügt das, um Deinen Newsletter effizient einzusetzen und Dein E-Mail-Marketing zu steuern?

Über eine Softwarelösung erhältst Du umfangreiche Reports. Du siehst zum Beispiel, wie viele Menschen Deinen Newsletter erhalten haben, wie oft die Mail tatsächlich geöffnet wurde, ob die gesetzten Links angeklickt wurden und wenn ja, welche. Du erfährst aber auch, wie viele Leser sich in einem bestimmten Zeitraum vom Newsletter abgemeldet haben oder ob sie Deine Mail vielleicht sogar als Spam markiert haben.

Damit erhältst Du wichtige Informationen über die Qualität Deines Newsletters: Wenn nur wenige Menschen den Newsletter öffnen, ist die Betreffzeile vielleicht nicht aussagekräftig genug. Wenn die Links nicht angeklickt werden, ist vielleicht der Aufbau des Mailings zu überdenken. Eine hohe Abmelderate und Spammeldungen sollten Dich zum Nachdenken veranlassen, ob der Newsletter für Deine Leser wirklich relevante Informationen liefert.

Okay. Und welchen Newsletteranbieter empfiehlst Du dann?

Ich bin ein großer Fan von CleverReach (https://cleverreach.de). Darüber versende ich seit 2011 meinen eigenen Newsletter.

CleverReach ist ein deutsches Unternehmen, die E-Mail-Adressen im System werden auf Servern in Deutschland gespeichert. Das ist mit Blick auf die Anforderungen an den Datenschutz, der in Deutschland ja sehr ernst genommen wird, ein wichtiges Argument.

Der Support von CleverReach kann zwar nur über ein Ticketsystem kontaktiert werden, nicht telefonisch, dafür reagiert er in der Regel sehr schnell und hilfsbereit.

Die Adressen werden in CleverReach in Gruppen gespeichert. Du hast also die Möglichkeit, verschiedene Gruppen anzulegen und Deine Newsletter ganz gezielt nur an einzelne Gruppen zu versenden. Natürlich kannst Du auch einen Newsletter an mehrere oder alle Gruppen auf einmal verschicken. Sollten E-Mail-Adressen in mehreren Gruppen angemeldet sein, sorgt CleverReach beim Versand dafür, dass jede E-Mail-Adresse den Newsletter auch tatsächlich nur einmal erhält.

Innerhalb der Gruppen gibt es auch die Möglichkeit, Listen nach verschiedenen Optionen zu segmentieren. So könntest Du zum Beispiel alle Leser der Gruppe „Newsletter", die sich nach einem bestimmten Datum eingetragen haben, anschreiben. Oder nur die Frauen in Deiner Liste. So kannst Du Deine Leserinnen zu bestimmten Interessensgebieten gezielt ansprechen.

Der Nachteil dieser gruppenbasierten Erfassung: Adressen, die in mehreren Gruppen erfasst sind, zählen in der Regel auch doppelt. Das heißt, dass Du vielleicht nur 2.200 individuelle Abonnenten hast. Aber weil 300 davon in mehr als einer Gruppe registriert sind, überschreitest Du die Anzahl von 2.500 Adressen und musst in den nächsthöheren Tarif wechseln.

Weitere wichtige Newsletteranbieter:

Klick-Tipp:

Ebenfalls ein deutscher Anbieter. Im Verhältnis zu anderen Newsletterlösungen aus meiner Sicht relativ teuer.

Im Unterschied zu CleverReach erfasst Klick-Tipp die E-Mail-Adressen nicht in Gruppen, sondern versieht sie mit sogenannten „Tags" (also Schlagwörtern). Das ermöglicht ein sehr spezifisches E-Mail-Marketing. Du kannst zum Beispiel Mails versenden an Leser, die Tag A haben, aber nicht Tag B. Oder Du adressierst Deinen Newsletter an alle die, die Tag B haben und in der Mail von letzter Woche den Link X nicht angeklickt haben. Für sehr spezifisches Onlinemarketing ist das Tagging-System besser geeignet als die gruppenbasierte Lösung.

Leider bietet Klick-Tipp keine *HTML-Templates* für die Newsletter. Zwar können *HTML*-Elemente wie Bilder oder Links in die Mails eingefügt werden, optisch ansprechende Newsletter, die bei anderen Anbietern zum Standard gehören, sind mit Klick-Tipp aber leider nur sehr schwer umsetzbar.

Mailchimp:

Mailchimp ist einer der beliebtesten Newsletterprovider mit einer sehr übersichtlichen Bedienoberfläche und einem großen Funktionsumfang. Die Erfassung der Adressen erfolgt hier listenbasiert.

Sowohl die Benutzeroberfläche als auch der Support von Mailchimp sind nur in englisch verfügbar. Auch die Anmeldeformulare müssen weitgehend „von Hand" ins Deutsche übersetzt werden.

Da Mailchimp ein US-Unternehmen ist und die Mail-Adressen auf Servern in den USA gespeichert werden, ist die Verwendung von Mailchimp in Deutschland datenschutzrechtlich nicht ganz unproblematisch. Juristisch gelten die USA als „unsicherer Drittstaat". Deswegen müssen die Abonnenten des Newsletters der Speicherung der Daten in den USA bereits bei Registrierung für den Newsletter zustimmen. Außerdem muss mit Mailchimp ein sogenannter „Vertrag zur Auftragsdatenverarbeitung" („Data Processing Agreement") abgeschlossen werden.

Letzteres gilt übrigens seit dem Inkrafttreten der DSGVO für alle Newsletteranbieter.

Wer hierzu Genaueres wissen möchte, findet auf dem Blog von Rechtsanwalt Thomas Schwenke wertvolle weitere Hinweise: https://drschwenke.de/mailchimp-newsletter-datenschutz-muster-checkliste/.

Active Campaign:

Active Campaign erfreut sich unter Onlinemarketern zunehmender Beliebtheit. Ähnlich wie bei Klick-Tipp werden E-Mail-Adressen getaggt und nicht in Listen erfasst.

Auch Active Campaign ist ein US-Unternehmen – die Einschränkungen zur Sprache für Support, Benutzeroberfläche und Datenschutz gelten hier analog zu Mailchimp.

GetResponse:

GetResponse ist ein Newsletteranbieter mit Sitz in Polen und ebenfalls sehr beliebt. E-Mail-Adressen werden bei GetResponse nach „Kampagnen" sortiert – und soweit ich das bisher beobachten konnte, auch nicht doppelt gezählt, wie das zum Beispiel bei CleverReach der Fall ist.

Besonders einfach ist bei GetResponse die Gestaltung von optisch sehr ansprechenden Opt-in-Formularen möglich. Leider kannst Du diese Formulare dann nur über einen Javascript-Code in die Website einbauen, Du erhältst nicht wie bei anderen Anbietern üblich einen *HTML*-Code.

Das kann dazu führen, dass das Anmeldeformular in einigen Browsern nicht oder erst spät geladen und angezeigt wird. Außerdem ist nach meiner bisherigen Erfahrung die responsive Darstellung der Anmeldeformulare etwas schwierig.

Mein Fazit: Den „perfekten" Newsletteranbieter, der für alle passt, gibt es nicht. Irgendeinen Haken haben sie alle.

Wichtig ist, dass Du Dir darüber im Klaren bist, wie Du den Newsletter verwenden möchtest. Möchtest Du Deinen Leser nur Infos per Mail zukommen lassen, dann ist ein gruppen- oder listenbasierter Anbieter für Dich absolut ausreichend.

Wenn Dir die Selektierbarkeit der Adressen sehr wichtig ist, weil Du spezifisches Onlinemarketing betreibst, dann bist Du bei einem Anbieter, der Tag-basiert arbeitet besser aufgehoben.

Du hast das mit den HTML-Vorlagen erwähnt. Was bedeutet das genau?

HTML ist eine Programmiersprache. Websites werden mit *HTML* erstellt, und auch für Mails kannst Du *HTML* verwenden. Das ermöglicht Dir dann, die Mail zum Beispiel mit Hintergrundfarben zu versehen, Bilder einzufügen etc. Du kannst also mit *HTML* sehr schicke Mails gestalten. Darüber hinaus bieten Mails mit *HTML*-Code die Möglichkeit, die Öffnungen und Klicks in Deiner Mail über sogenannte Zählpixel zu ermöglichen. Beachte hierbei aber auch die Anforderungen des Datenschutzes.

Das Gegenteil von einer *HTML*-Mail ist eine reine Textmail. Diese sieht aus wie die Mails, die Du direkt in Outlook schreibst. Links können in solchen Mails nur offen ausgewiesen werden und das Tracking von Öffnungen oder Klicks ist nicht möglich.

Würdest Du für den Versand eher Text- oder HTML-Mails empfehlen?

Ich habe das hier im Buch schon ein paarmal geschrieben, und auch auf diese Frage gilt: Es gibt kein klassisches „Richtig" oder „Falsch". Beide Varianten haben ihre Vor-, aber auch Nachteile.

Reine Textmails wirken persönlicher und haben nicht den klassischen „Newslettercharakter". Für deine Leser und Leserinnen entsteht eher der Eindruck, dass diese Mail wirklich explizit für ihn oder sie geschrieben wurde.

HTML-Mailings wirken dafür meist professioneller und bieten Dir die Möglichkeit auszuwerten, wie viele Deiner Leser Deinen Newsletter tatsächlich geöffnet haben und wie viele dann auf einen der Links in Deinem Newsletter geklickt haben. Letzteres kann sehr dabei helfen zu verstehen, welche *Themen* Deine Abonnenten wirklich interessieren.

Dazu nur eine kleine Anmerkung: Immer mal wieder lese oder höre ich, dass jemand alle Abonnenten aus seinem Newsletterverteiler löscht, die den Newsletter länger als ein Jahr oder gar noch nie geöffnet habe. Der Hintergrund ist die Vorstellung, dass die Liste dadurch qualitativ hochwertiger wird.

Damit kannst Du aber auch ganz schnell treue Leser abschießen, ohne dass Du das weißt. Das hängt mit der Funktionsweise des Zählpixels zusammen, über das die Statistiken ermöglicht werden: Das Zählpixel ist eine 1 px x 1 px große Grafik, die in den Newsletter eingebunden ist. Wird der Newsletter geöffnet, wird diese Grafik vom Server heruntergeladen und das wird entsprechend registriert und gezählt.

Wenn nun aber jemand den Newsletter liest, die Anzeige von Bildern aber unterdrückt, dann wird das Zählpixel nicht geladen und der Newsletter entsprechend als nicht geöffnet gewertet, obwohl er tatsächlich gelesen wurde. Und das kommt gar nicht so selten vor. Wenn jemand in seinem bevorzugten E-Mail-Programm festgelegt hat, dass Bilder nicht angezeigt werden sollen (was übrigens bei vielen E-Mail-Clients die Standardeinstellung ist) kann es passieren, dass er oder sie Deinen Newsletter ganz regelmäßig liest, aber einer Bereinigungsaktion zum Opfer fällt, weil er nach der Statistik noch nie einen Newsletter geöffnet hat.

Soll ich meine Leser im Newsletter persönlich ansprechen?

Erfahrungsgemäß werden Newsletter mit einer persönlichen Ansprache eher geöffnet und gelesen als neutral gehaltene Newsletter ohne Ansprache.

Damit Du Deine Newsletterleser persönlich ansprechen kannst, ist es allerdings erforderlich, dass im Anmeldeformular auch der Name, eventuell Vor- und Nachname, abgefragt werden. Und da haben wir dann ein kleines Dilemma: Das Newsletter-Anmeldeformular sollte möglichst kurz gehalten sein. Je mehr Daten bei der Anmeldung abgefragt werden, desto höher ist die Wahrscheinlichkeit, dass der Interessent die Anmeldung abbricht. Das ideale Anmeldeformular fragt daher nur die E-Mail-Adresse ab – das macht eine Personalisierung allerdings unmöglich.

Ich bevorzuge daher eine Zwischenlösung: Ich gebe die E-Mail-Adresse im Anmeldeformular als Pflichtfeld an, der Name kann als freiwillige Angabe ergänzt werden – eventuell sogar mit dem Hinweis, dass diese Angabe nur dazu dient, den Newsletter persönlicher zu gestalten.

In diesem Fall kannst Du in Deinem Newsletter alle die, die ihren Namen angegeben haben, persönlich ansprechen. Für diejenigen, die keinen Namen hinterlegt haben, kannst Du bei den meisten Newsletteranbietern einen Platzhalter hinterlegen, zum Beispiel „Hallo lieber Leser / liebe Leserin".

Gibt es außer der Anzahl der Felder im Anmeldeformular noch Dinge, auf die ich beim Newsletter achten muss?

Ja, die gibt es. So musst Du zum Beispiel im Anmeldeformular darauf hinweisen, dass die eingetragene Mail-Adresse von Dir für den Newsletteraersand verwendet wird. Rein rechtlich muss der Interessent dies aktiv durch Setzen eines Häkchens bestätigen.

Darüber hinaus musst Du auch vor der Anmeldung darüber informieren, welche Inhalte in Deinem Newsletter zu erwarten sind und wie oft Du ihn versendest.

Wenn Du einen Newsletterdienst in den USA nutzt (zum Beispiel Mailchimp oder ActiveCampaign), musst Du zusätzlich noch darauf hinweisen, dass die Mailadressen in den USA gespeichert werden und dafür die Einwilligung Deiner Newsletterabonnenten aktiv einholen, indem diese den entsprechenden Hinweis durch ein Häkchen im Anmeldeformular bestätigen.

Puh … ganz viel Juristerei. Muss ich denn sonst noch etwas beachten?

Wichtig ist auch noch, dass Du die Austragungswünsche Deiner Leser berücksichtigst. Bei den meisten Newsletteranbietern gibt es die Möglichkeit, dass die Abonnenten sich durch Klick auf einen Abmeldelink jederzeit automatisch austragen können.

Zusammenfassung:

- *Newsletter sind eine Ergänzung zum Blog, um Dich aktiv in Erinnerung zu bringen.*
- *Baue zum Aufbau eines Newsletterverteilers ein Anmeldeformular auf Deiner Website ein.*
- *Versende Newsletter nur an Menschen, die sich aktiv mit Double-Opt-in in Deinen Verteiler eingetragen haben.*
- *Der Versand an alle Deine Kontakte oder gekaufte E-Mail-Adressen ist keine gute Idee. Abmahnungen dazu können richtig teuer werden.*
- *Für die Versandhäufigkeit gibt es kein „Richtig" oder „Falsch". Einmal monatlich ist in meinen Augen eine gute Frequenz.*

- *Newsletterinhalte müssen nicht einzigartig sein.*
- *Du kannst zum Beispiel im Newsletter Deine Blogbeiträge der letzten Wochen anteasern oder Du veröffentlichst den letzten Artikel aus Deinem Newsletter im Blog.*
- *Verwende professionelle Newsletterdienste und sende Deine Newsletter nicht einfach über Outlook. Das ist aus verschiedenen Gründen keine gute Idee.*

Bekannte Newsletteranbieter sind:

- *CleverReach*
- *Klick-Tipp*
- *Mailchimp*
- *Active Campaign*
- *GetResponse*

Wir haben unsere Reise durch Deinen Onlineauftritt abgeschlossen.

Jetzt hast Du das Rüstzeug, um loszulegen und Deine Botschaft nach draußen zu tragen.

Ich freue mich, dass ich Dich ein Stück auf Deinem Weg zum perfekten Onlineauftritt begleiten durfte und wünsche Dir ganz viel Erfolg bei der Umsetzung in die Praxis.

5. Fazit

Du siehst, es geht bei „Du bist ein Magnet" nicht um E-Mail-Marketing, Facebook-Ads oder Werbeanzeigen. Sondern um Kundengewinnung durch Deine Persönlichkeit.

Dieses Prinzip steht dafür, dass Du durch einen vollkommen authentischen Online-Auftritt ganz automatisch die Menschen anziehst, die perfekt zu Dir passen.

Durch Deinen Onlineauftritt gibst Du den Menschen eine Chance, Dich kennenzulernen. Selbst dann, wenn sie aktuell noch gar keinen Bedarf an Deinen Produkten oder Dienstleistungen haben. Du kannst dich als Expertin profilieren und gleichzeitig als Persönlichkeit sichtbar werden.

Alles, was Du dafür brauchst, ist eine Website, die auf die Bedürfnisse Deiner Zielgruppe eingeht, einen Blog, in dem Du Dich als Expertin positionieren kannst, und Deine Social-Media-Accounts, wo Du einfach ganz authentisch als Mensch präsent bist. Das Ganze dann noch garniert mit einem Newsletter, der dafür sorgt, dass Du Dich immer wieder aktiv bei den Menschen in Erinnerung bringst, die an Deinen Leistungen interessiert sind.

Menschen, die Dich kennen und sympathisch finden, kommen sehr gern auf Dich zu, wenn sie irgendwann einmal Deine Leistungen benötigen.

6. Abschluss

Hat Dir das Buch gefallen? Dann freue ich mich über Deine Rezension bei Amazon. Damit tust Du mir einen riesengroßen Gefallen, denn positive Rezensionen helfen mir dabei, mein Buch bekannter zu machen.

Wenn Du Fragen, Anmerkungen oder auch Kritik zum Buch hast, dann möchte ich das auch sehr gern wissen. Schreib mir einfach eine Mail an magnet@wp-bistro.de Ich freue mich auf Deine Nachricht.

Zu diesem Buch gehören Bonusmaterialien, die Du auf meiner Website unter folgendem Link abrufen kannst:

https://wp-bistro.de/bonus

Ich hoffe, Du hattest Spaß bei Deiner Reise mit mir durch Deinen neuen Onlineauftritt!

Glossar:

Backend:

Der Bereich, in dem eine WordPress-Website verwaltet wird und der für den normalen Besucher einer Website nicht sichtbar ist.

Brute-Force-Attacke:

Angriff auf eine Website in dem Versuch, durch Eingabe möglichst vieler Benutzernamen/Passwortkombinationen die korrekten Zugangsdaten zu erraten und so Zugriff auf die Website zu erhalten.

Cache:

Speichert eine Kopie der Website, um diese beim Aufruf schneller ausgeben zu können.

Content-Management-System (CMS):

Eine Software zur Gestaltung von Websites, bei der die Inhalte vom Layout getrennt erfasst werden.

CSS:

Eine Programmiersprache (korrekt: „Stylesheet-Sprache"), mit der das Aussehen der Website festgelegt wird. Während *HTML* lediglich die Struktur der Seite vorgibt, kann man mit *CSS* Farben, Schriftart- und -größe, Buttons, farbige Hintergründe etc. definieren.

Custom CSS:

Ein Bereich, in dem der Anwender vom Stylesheet des *Themes* abweichende Definitionen für das Aussehen festlegen kann. Die Custom CSS wird beim Update eines *Themes* nicht überschrieben.

Customizer:

Der Bereich in WordPress, in dem sich die *Theme*-Optionen befinden. Hier kann der Nutzer Anpassungen am Aussehen seiner Website vornehmen, die abhängig vom gewählten *Theme* mehr oder weniger umfangreich sein können.

Domain:

Der einzigartige Name bzw. die Adresse einer Website (zum Beispiel wp-bistro.de).

Duplicate Content:

Text auf einer Website, der in identischer Form über verschiedene *Domains* oder innerhalb einer *Domain* über mehrere *Permalinks* abrufbar ist.

Frontend:

Das ist der Bereich einer Website, den ein Besucher der Website sieht.

Footer:

Der Bereich am unteren Ende einer Website.

Full-Width-Layout:

Eine moderne Variante des Webdesigns, bei der sich die Elemente einer Website über die komplette Bildschirmbreite erstrecken.

HTML:

Eine Programmiersprache (ganz korrekt ist es eine „Auszeichnungssprache"), mit der die Struktur einer Website gestaltet wird.

MySQL:

Das weltweit am meisten verbreitete Datenbankverwaltungssystem.

Navigation:

Das Menü einer Website, das zu den einzelnen Unterseiten führt.

Pagebuilder:

Ermöglicht die Gestaltung ganz individuell strukturierter Websites mit Spalten und Segmenten, die vom Standardlayout eines *Themes* (oft zweispaltig mit links Inhalt, rechts Seitenleiste) abweichen.

Permalinks:

Ein Link, unter dem ein bestimmter Inhalt auf einer Website dauerhaft auffindbar ist (zum Beispiel https://wp-bistro.de/blog).

PHP:

Eine dynamische Programmiersprache (korrekt: „Skriptsprache") zur Erstellung von Websites.

Plugin:

Ein Zusatzprogramm, das den Funktionsumfang von WordPress erweitert.

Slider:

Eine Abfolge von Bildern, die normalerweise automatisiert nacheinander angezeigt werden.

SSL-Zertifikat:

Eine Datendatei, die dafür sorgt, dass Inhalte einer Website verschlüsselt übertragen werden (zum Beispiel Eingabe von Bankdaten, Nachrichten über ein Kontaktformular oder Eingaben in eine Login-Maske) und so nicht von unbefugten Dritten mitgelesen werden können.

Stylesheet:

Die Datei im WordPress-*Theme*, mit der das Aussehen des *Themes* definiert wird.

Tabellenpräfix:

Kürzel, das in der Datenbank den jeweiligen Tabellen vorangestellt wird, um diese eindeutig einer bestimmten WordPress-Installation zuordnen zu können für den Fall, dass mehr als eine Installation in einer Datenbank liegt.

Templates:

Die einzelnen *PHP*-Dateien eines WordPress-*Themes*.

Theme:

Hiermit wird das Layout einer WordPress-Website definiert. Es ist quasi die „Tapete", die das Aussehen der Website bestimmt.

Webhoster:

Ein Anbieter, der Speicherplatz für Websites vermietet.

Webspace:

In der Regel angemieteter Speicherplatz für eine Website.

Widgets:

Module in WordPress, die in dafür vorbereitete Elemente der Website eingefügt werden können (meist in die Seitenleiste oder den *Footer* der Website).

Über mich

Wer ist eigentlich Michaela Steidl

Natürlich willst Du wissen, wer hinter dem WP Bistro steht. Das ist schließlich Dein gutes Recht.

Also dann: Mein Name ist Michaela Steidl, ich bin Jahrgang 1975, Sternzeichen Löwe und lebe und arbeite lebe und arbeite in der wunderschönen Pfalz, genauer gesagt in Neustadt an der Weinstraße. Außerdem bin ich alleinerziehende Mutter eines zwölfjährigen Sohnes.

In meiner Freizeit findet man mich entweder in meinem Garten oder kletternd ... In der Halle, im Sommer allerdings bevorzugt in den schönen Felsen der Südpfalz.

Ursprünglich habe ich einmal das Bankgeschäft gelernt und war fast 20 Jahre im Kreditbereich internationaler Banken tätig. Davon viele Jahre mit Führungsverantwortung für in der Spitze über 20 Mitarbeiter in 3 Ländern.

Anfang 2011 habe ich dann den Schritt in die Selbstständigkeit gewagt. Ursprünglich im Bereich der virtuellen Assistenz, aber schnell habe ich gemerkt, dass meine wahre Leidenschaft das Gestalten von Websites mit WordPress ist.

Und fast noch mehr Spaß als das eigenständige Programmieren von Websites macht es mir, anderen zu erklären, wie man mit WordPress eine Internetpräsenz aufbaut.

Daraus ist im April 2012 die Idee zum WordPress Bistro entstanden. Ursprünglich als eine kostenfreie Webinarserie gedacht. Da diese aber so erfolgreich war, habe ich im Dezember 2013 alle meine Aktivitäten unter dem Dach des WP Bistros gebündelt.

Und wie bin ich zu WordPress gekommen?

Programmieren hat mir schon immer Spaß gemacht ... Mit 12 Jahren habe ich auf dem damals hochaktuellen Schneider Joyce (kennt den heute noch jemand?) meines Vaters ein Monopoly programmiert. Zugegebenermaßen, bis zur Produktionsreife hat es das Programm nicht geschafft, aber eine gewisse Faszination für Programmiersprachen ist geblieben.

2006 habe ich dann meine erste eigene, private Website erstellt. Das Grundgerüst entstammte einem Baukasten, aber irgendwann war mir das zu eng, und ich habe begonnen, die Seiten mit *HTML* selbst zu gestalten. Seitdem habe ich eigentlich nicht mehr aufgehört, mich mit der Materie zu beschäftigen.

Und irgendwann bin ich dann bei WordPress gelandet, das mich zunehmend mehr fasziniert: Einfach zu lernen, auch ohne Programmierkenntnisse kann man damit wirklich tolle Webseiten gestalten. Dabei unglaublich vielseitig und eigentlich gibt es nichts, was damit nicht geht.

www.wp-bistro.de

Weitere Bücher im be wonderful! Verlag

Tom Oberbichler:

»Endlich Erfolg haben – Strategie planen, Ziele erreichen, erfolgreich werden«

Ein Arbeitsbuch, das hilft, Ziele zu finden, die zu dir passen, und sie Schritt-für-Schritt zu erreichen

»Metaprogramme im NLP erkennen, verstehen, anwenden«

Einführung in die wichtigsten Metaprogramme mit starkem Praxisbezug – eBook und Taschenbuch

»be wonderful! Emotional erfolgreich mit angewandtem NLP«

Kurze Geschichten führen dich in die Welt des NLP (Neurolinguistisches Programmieren) ein. Du lernst bewusst wie anders-als-bewusst – eBook und Taschenbuch

»101 Tipps – Wie werde ich glücklich und emotional erfolgreich?«

101 praktische und erprobte Tipps – eBook und Taschenbuch

»Meditation – Hypnose – Entspannung«

Eine Anleitung zur Selbsthypnose mit Atemübungen, Entspannungsübungen, Tranceinduktionen und -verführungen, 11 geführten Trancen – eBook und Taschenbuch

»Wandelnde Worte – Mit Trancegedichten vom Stress zur Entspannung«

Hypnotische Gedichte für deine Entspannung und deinen Erfolg – eBook und Taschenbuch

»Mission Bestseller – Ratgeber und Sachbücher erfolgreich vermarkten und verkaufen ... Eine Anleitung«

Wie erreichst du mit einem Sachbuch möglichst viele Menschen und nutzt dein Buch nachhaltig für deinen Businesserfolg

»Du darfst! 50 Tipps & Inspirationen – Bücher und eBooks erfolgreich schreiben, veröffentlichen, vermarkten«

Kurze, knackige Tipps und Strategien aus der Praxis für die Praxis

»Feedback erfolgreich nutzen – Konstruktiv mit negativen Rezensionen, Kommentaren, Kritik umgehen«

So machst du das Beste aus jeder Kritik – egal ob gut oder schlecht

Selbsthypnose-Downloads als mp3:

»Grundreinigung« – mp3-Download

»An- und Entspannung« – mp3-Download

»1, 2, 3, Los! Entspannt, motiviert, erfolgreich« – mp3-Download

»Schnellentspannung« – mp3-Download

Chris Pape und Tom Oberbichler

»Erste Hilfe für deine High Performance: Das Erste-Hilfe-Handbuch für deine Gedanken und Gefühle« Teil 1 von Pimp Your Brain!

Mit praktischen Übungen und Erfolgsgeschichten zeigen Chris und Tom, wie du das Steuer über die eigenen Gedanken und Gefühle wieder übernimmst und so deine Topleistung bringst.

Dr. Patrick K. Porter:

»Mit Vollgas zu Glück und Erfolg – Wie Sie erfolgreich durch ein Leben voller Stress steuern« (Deutsch von Tom Oberbichler)

Wissenschaftliche Hintergründe, Gedankenexperimente und Übungen, Erfahrungsberichte und noch mehr zu Stressmanagement und Erfolg – eBook und Taschenbuch

»6 Geheimnisse eines G.E.N.I.E.S. – Aktivieren Sie Ihr ganzes Potential!« (Deutsch von Tom Oberbichler)

Mit diesen Metaphern und Geschichten entfalten Sie Ihr ganzes Potential

Christiane Chris Pape:

»Bob's Tenderness« / Unicorn Records

14 Minuten Entspannungsmusik, live eingespielt mit Sansula und Meeresrauschen in Bajamar, Teneriffa – mp3-Download

»The Tenderness of Men« / Unicorn Records

40 Minuten Entspannungsmusik live mit Sansula – mp3-Download

»Herbstzeit-Loslassen«

29 Minuten gesprochene Trance mit live gespielter Sansula und Kalimba-Musik – mp3-Download

Sandra Blabl

»bulimiefrei Jetzt – Warum herkömmliche Therapien bei Essstörungen kaum helfen«

Die Autorin teilt in diesem stark autobiografischen Buch ihren Weg aus der Bulimie

»Hypnose – Alles ist möglich«

Ein Erfahrungsbericht aus der Praxis einer erfolgreichen Hypnosetherapeutin mit zahlreichen Fallbeispielen aus angewandter Hypnose

Die Bücher sind als eBook und Taschenbuch erhältlich.

www.tomoberbichler.com/buch-shop

Copyright und Haftungsausschluss